PRAXIS ideen

Schriftenreihe für Bewegung, Spiel und Sport

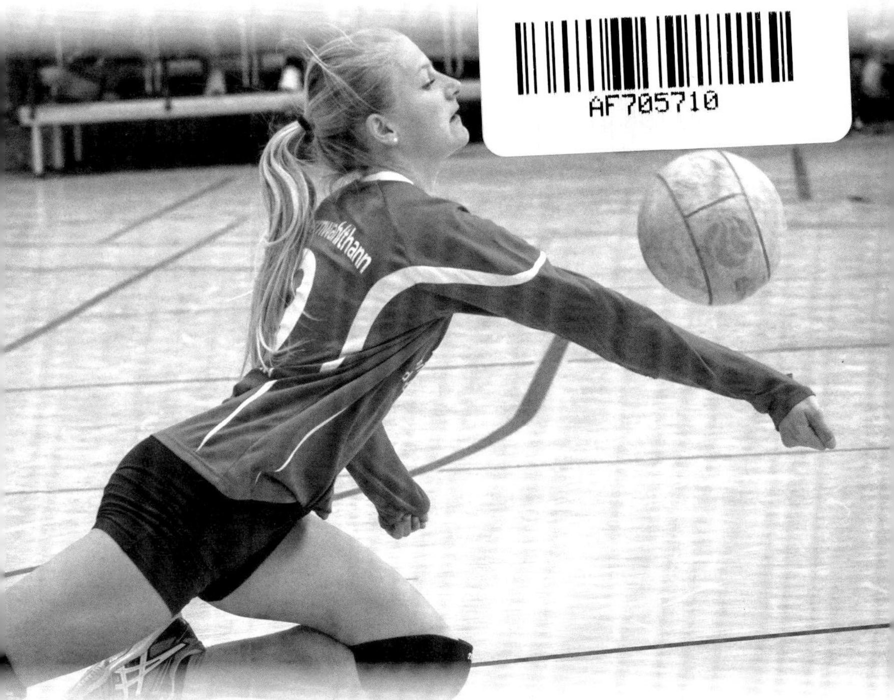



# Faustball

Nick Trinemeier

hofmann.

**Bibliografische Information der Deutschen Nationalbibliothek**

Die Deutsche Nationalbibliothek verzeichnet diese Publikation in der Deutsche
Nationalbibliografie; detaillierte bibliografische Daten sind im Internet über
http://dnb.d-nb.de abrufbar.

Bestellnummer 2731



Erschienen als Band 73
der PRAXISIDEEN – Schriftenreihe für Bewegung, Spiel und Sport.

Druck und Verarbeitung: AALEXX Druck Produktion, Burgwedel
Printed in Germany · ISBN 978-3-7780-2731-8

# INHALT

Im vorliegenden Buch wurde auf die Nennung beider Geschlechter (Lehrerinnen/ Schülerinnen/Schüler) oder die Verbindung in einem Wort (LehrerInnen bzw. Lehre zugunsten einer möglichst einfachen Leseart verzichtet. Allgemeine Personenbezei schließen daher immer alle Geschlechter ein.

# Einleitung

Faustball ist ein Rückschlagspiel, dessen Spielidee – das Spielen eines Balles mit einem Arm oder einer Faust über eine Leine – bis ins Altertum zurückgeht, wie Abbildungen auf antiken Fresken und Vasen belegen. Faustball ist in seiner Grundform leichter als andere Rückschlagspiele – wie beispielsweise Volleyball – zu spielen und garantiert gerade für Anfänger schnellere Erfolgserlebnisse, die sich positiv auf die Motivation der Spieler auswirken. Dadurch eignet sich Faustball in besonderer Weise auch als Schulsport.

In dem vorliegenden Lehrbuch *Faustball – Spielerisch vermittelt* soll anhand einer Sequenz von vier Doppelstunden aufgezeigt werden, wie Faustball in kurzer Zeit in der Schule und im Verein eingeführt werden kann. Anschauliche grafische Darstellungen und ausführliche Beschreibungen der Spielformen und Übungen sorgen dafür, dass kein Faustball-spezifisches Vorwissen benötigt wird und sich das Lehrbuch ideal für Neueinsteiger eignet. Auf spielerische Art und Weise werden in vier Doppelstunden die grundlegenden Faustball-Basistechniken vorgestellt und geübt. Ziel ist es, durch die erlernten Techniken bereits früh ein Niveau zu erreichen, das ein flüssiges Spiel ermöglicht.

Die Durchführung der Faustball-Einheit eignet sich sowohl im Schul- als auch im Vereinskontext. Aus Gründen der Übersichtlichkeit wird auf Mehrfachnennungen beider Bereiche verzichtet. Dementsprechend sind Formulierungen wie „Lehrer“ oder „Trainer“ genauso austauschbar wie „Unterrichtsstunde“ und „Sportstunde“ oder „Unterricht“ und „Training“. In gleicher Weise sind in den Bezeichnungen „Lehrer“, „Schüler“ oder „Sportler“ selbstverständlich auch die jeweils weibliche Form eingeschlossen.

Erfolgserlebnisse werden in der Entwicklung spielerischen Könnens als zentral erachtet. Jedes Spiel und jede Übung der Unterrichtseinheit lässt sich deshalb durch kleine Variationen an unterschiedliche Zielgruppen anpassen. So können die Spiele und Übungen für Gruppen anspruchsvoller gestaltet werden, die bereits Erfahrungen im Faustball gesammelt haben. Andere Varianten erlauben, dass junge oder unerfahrene Schüler nicht überfordert werden.

Um Lehrern und Schülern eine Vorstellung davon zu geben, wie die vier Faustball-Basistechniken auszuführen sind, beinhaltet jede Unterrichtsstunde ein Technikleitbild, das die Bewegungsabläufe in aller Ausführlichkeit idealtypisch beschreibt. Diese Basistechniken werden in den dann folgenden Spiel- und Übungsformen der Unterrichtseinheit geübt und gefestigt. Jede Unterrichtsstunde hat darüber hinaus das Ziel, ein taktisches Spielverständnis im Faustball zu vermitteln, weshalb jede Stunde mit einem Reflexions-Block abgeschlossen wird, in der der Lehrer oder Trainer durch gezielte Fragen die zentralen Aspekte der Unterrichtseinheit noch einmal rekapituliert. Das Lehrbuch schlägt abschließend verschiedene Optionen vor, wie Schulnoten für die Schüler aus der Unterrichtseinheit abgeleitet werden können. Die Bewertungsbogen können aber auch unabhängig von einer Notengebung als didaktisches Mittel dienen, um durch gezielte Rückmeldungen einen nachhaltigeren Lernerfolg bei den Teilnehmenden zu erreichen.

**Struktu[r des] Lehrbu[chs]**

Nach der Einleitung wird in Kapitel 1 eine Einführung für diejenigen gegeben, die als Sportlehrer oder Trainer bisher wenig oder keine Erfahrung mit Faustball gesammelt haben. Empfehlenswert ist es auch, sich einige Videos auf Videoplattformen anzuschauen, um ein grundlegendes Spielverständnis zu erhalten. Hier eignen sich besonders die Aufnahmen des ORF (Österreichischer Rundfunk) von der Faustball-Weltmeisterschaft 2011[1] oder die Spiele der World Games 2017 in Polen[2]. In Kapitel 2 widmet sich das Lehrbuch den theoretischen Überlegungen zur Unterrichtseinheit, bevor in Kapitel 3 die vier Unterrichtsstunden im Detail beschrieben werden. Zudem macht das Kapitel Vorschläge, wie eine mögliche Notengebung gestaltet werden könnte. Kapitel 5 bildet das Schlusswort des Lehrbuchs.

---

1 https://www.youtube.com/watch?v=01Czyi6FWfQ

2 https://www.youtube.com/watch?v=thMOxLOjyAk&t=3955s

pitel

1

# Die Sportart Faustball

## 1.1 Basiselemente und Spielstrukturen im Faustball

**Spielide**

Faustball ist ein Rückschlagspiel, bei dem sich zwei Mannschaften in einem Feld, das durch ein Netzband (Leine) geteilt ist, gegenüberstehen. Jede Mannschaft besteht aus fünf Spielern, die versuchen, einen Ball mit dem Arm oder der Faust in das gegnerische Feld zu spielen. Pro Spielzug sind hierfür maximal drei Ballkontakte erlaubt, wobei kein Spieler den Ball zwei Mal berühren darf. Die Kontakte erfolgen immer mit nur einem Arm. Bei der Annahme und dem Zuspiel wird der Ball mit der Innenseite des Armes, die Angriffsschläge mit der Faust gespielt. Der Ball darf vor jedem Ballkontakt eines Spielers einmalig auf dem Boden aufspringen, nicht aber außerhalb des Feldes.

**Ziel des**

Eine Mannschaft versucht, den Faustball so über die Leine in das gegnerische Feld zu schlagen, dass er für den Gegner nicht zu retournieren ist. Beide Teams versuchen, den Ball anzunehmen und im eigenen Team einander so zuzuspielen, dass sich der angreifende Mitspieler in einer optimalen Position befindet, um den Ball entweder druckvoll in die sich ihm bietenden Lücken in der gegnerischen Deckung zu schlagen oder aber gefühlvoll – für den Gegner unerreichbar – in das Feld zu spielen. Bei der Angabe, mit der das Spiel nach einem Fehler eröffnet wird, hat der Angreifer die gleiche Absicht.

**Zählwei**

Bei einem Fehler der einen Mannschaft, wird der anderen ein Punkt gutgeschrieben. Einen Satz gewinnt die Mannschaft, die zuerst 11 Punkte mit mindestens zwei Punkten Vorsprung erzielt hat. Spätestens ist ein Satz beim Spielstand von 15:14 beendet. Je nach Alters- und Wettkampfklasse unterscheidet sich die Anzahl der Gewinnsätze (üblicherweise zwischen zwei und fünf Gewinnsätzen).

**Ballwah**

Zu Beginn jedes Spiels losen die beiden Mannschaftskapitäne, welche Mannschaft das Wahlrecht zu Beginn des Spiels hat. Der Kapitän, der die Ballwahl gewinnt, muss sich entscheiden, ob er für seine Mannschaft eine bestimmte Feldseite bevorzugt oder ob seine Mannschaft die erste Angabe ausführen möchte. Wählt er die Angabe, darf die gegnerische Mannschaft die Feldseite auswählen. In jedem darauffolgenden Satz alterniert das Angabenrecht. Kommt es zu einem Entscheidungssatz, wird erneut gewählt. Außerdem werden dann die Feldseite und das Angabenrecht gewechselt, sobald eine Mannschaft sechs Punkte erzielt hat.

**Regelve im Faust**

Als wichtigste Regelverstöße (und damit Punkt für die gegnerische Mannschaft) werden gewertet:

- Der Ball oder ein Spieler berühren die Leine oder die Pfosten.
- Der Ball berührt außerhalb des Spielfelds den Boden.
- Der Ball berührt zweimal hintereinander den Boden, ohne dass er zwischenzeitlich regelgerecht von einem Spieler berührt wurde.
- Der Ball wird seitlich an den Pfosten vorbei oder unterhalb des Bandes ins gegnerische Feld gespielt.
- Mehr als drei Spieler einer Mannschaft berühren den Ball während eines Spielzuges.
- Ein Spieler berührt zum zweiten Mal innerhalb eines Spielzuges den Ball.
- Der aufschlagende Spieler berührt oder übertritt bei der Angabe die 3-m-Linie (Angabenlinie).
- Der Ball berührt einen anderen Körperteil als den Arm.
- Der Ball darf nicht mit der offenen Handfläche berührt oder gespielt werden.
- Der Ball berührt beim Überspielen zum Gegner die Hallendecke.

Das Wettkampffeld im Feldfaustball misst 50 m x 20 m, im Hallenfaustball 40 m x 20 m. Geteilt ist das Feld durch ein Netzband, das man als Leine bezeichnet. Die Leine befindet sich je nach Altersklasse auf einer Höhe zwischen 1,60 m und 2 m. Im Vergleich zu anderen Rückschlagspielen, müssen die Spieler einen relativ großen Raum abdecken (Feldfaustball: 100 m²/Spieler, Hallenfaustball: 80 m²/Spieler).

Die hohe Ballgeschwindigkeit bei Angaben und Spielschlägen bringt mit sich, dass ein hohes Maß an Antizipationsfähigkeit und Handlungsschnelligkeit benötigt wird, um die Feldfläche in der Defensive abzudecken. Entscheidend ist zudem eine gute Ballkontrolle, um Schläge, die im Spitzenbereich deutlich über 100 km/h erreichen, anzunehmen oder kurz gespielte Bälle im vollen Lauf zielgenau für das Zuspiel vorzubereiten. Ziel beim Zuspiel ist es, den Ball möglichst nah an die Leine zu spielen, was insbesondere aus größeren Distanzen schwierig ist. Aus größeren Entfernungen zur Leine (> 5 m) wird der Ball üblicherweise indirekt, also mit Bodenkontakt, zugespielt. In Leinennähe hingegen direkt, ohne Bodenkontakt. Ziel des Angriffsschlags, also sowohl der Angabe als auch des Spielschlags, ist es, den Ball druck- bzw. gefühlvoll in das gegnerische Feld zu schlagen und somit zu verhindern, dass der Gegner den Ball erneut zurückspielen kann. Athletik und Ballgefühl sind hier die dominanten leistungsbestimmenden Faktoren. Alle diese Aktionen dürfen im Faustball entweder mit dem linken oder rechten Arm – aber niemals mit beiden Armen oder Händen gleichzeitig – durchgeführt werden, was insbesondere die Annahme und das Zuspiel zu koordinativen Herausforderungen werden lässt.

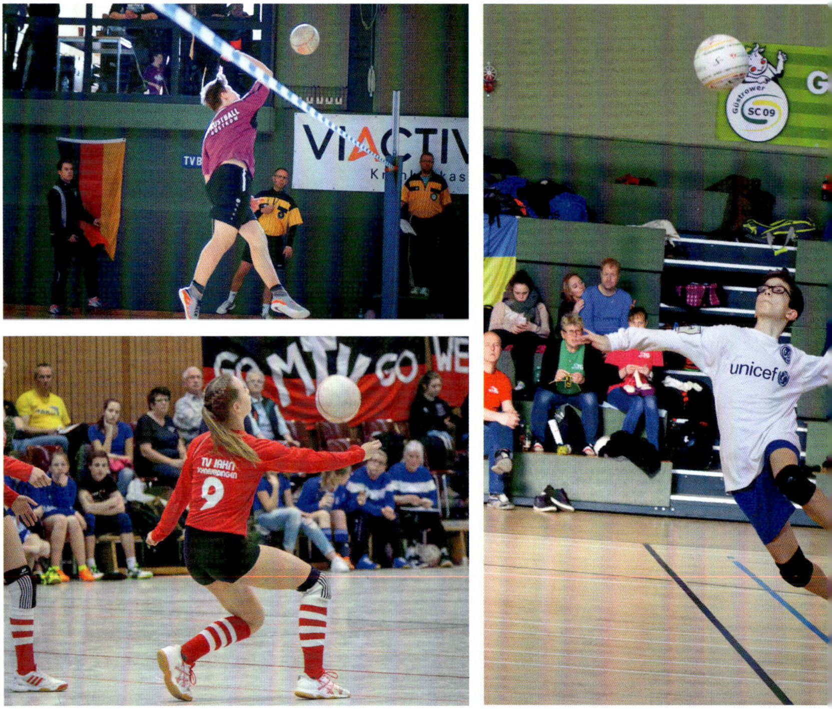


*Abb. 1:* Einzelne Elemente der Handlungskette im Faustball

Handlu
im Faus

Im Faustball treten bestimmte Spielereignisse in einer typischen wiederkehrenden Reihenfolge auf, weshalb man diese auch als Handlungsketten bezeichnet. Durch die Angabe eröffnet, ergibt sich üblicherweise so lange die Abfolge Annahme – Zuspiel – Angriff, bis ein Punkt erzielt wird bzw. einer Mannschaft ein Fehler unterläuft. Aus diesen Handlungsketten ergeben sich die vier Grundtechniken, die in der Unterrichtseinheit spielerisch erlernt werden sollen.

## 1.2 Die Basistechniken im Faustball

Annahm
(auch A

Mit der Annahme wird das Feld verteidigt und verhindert, dass der Ball zwei Mal in Folge auf dem Boden springt. Eine gute Annahme erfolgt, wenn der Ball zentral ins Feld und in Leinennähe gespielt wird.

Zuspiel

Durch das Zuspiel soll der Spielschlag optimal vorbereitet werden. Je nach Spielsituation und Taktik variiert das ideale Zuspiel. Grundsätzlich lässt sich aber definieren, dass der Faustball in unmittelbarer

Leinennähe und in ausreichender Höhe zu schlagen sein sollte. Es wird zudem zwischen direktem und indirektem Zuspiel unterschieden (siehe „Spielstrukturen und Grundelemente des Faustballs“).

**läge**

Ziel eines Angriffsschlags ist es, der gegnerischen Mannschaft das Retournieren des Balles nicht zu ermöglichen bzw. zu erschweren. Zu den Angriffsschlägen zählen die Spielsituationen der Angabe und des Spielschlags.

Jeder Spielzug wird durch eine Angabe eröffnet, die hinter der 3-m-Linie erfolgen muss. Die Angabe führt diejenige Mannschaft aus, die den letzten Fehler begangen hat.

Als Spielschlag werden alle Angriffsschläge bezeichnet, die aus dem offenen Spiel, üblicherweise als Abschluss der Handlungskette Annahme – Zuspiel – Angriff, erfolgen. Absicht des Spielschlags ist es, den Ball ins gegnerische Feld zurück zu schlagen. Dies ist spätestens beim dritten Ballkontakt im eigenen Feld der Fall, kann aber auch früher erfolgen, wenn es der Spielverlauf erfordert. Der Spielschlag wird üblicherweise als Sprungschlag ausgeführt.

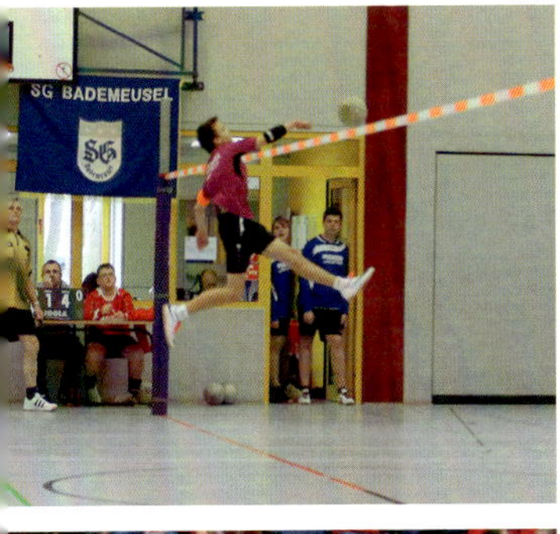


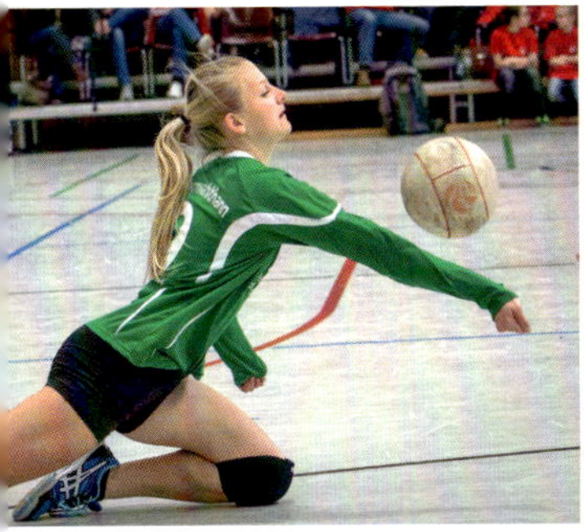

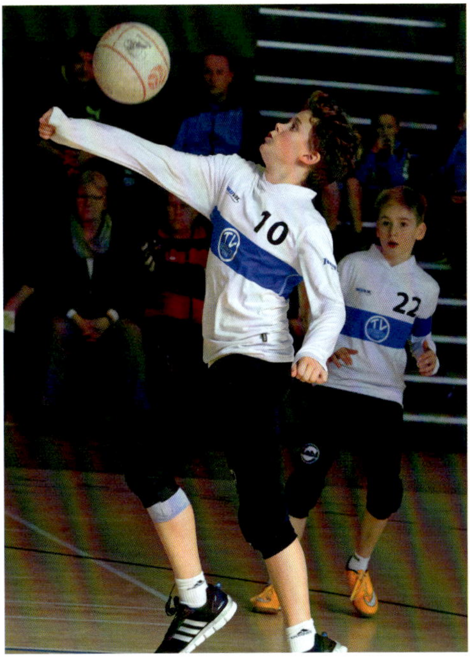

pitel
2

# Die Einführung der Sportart Faustball im Schulsport anhand einer Unterrichtseinheit von vier Doppelstunden

## 2.1 Zur Methodik der Unterrichtseinheit

### *2.1.1 Ziele der Unterrichtseinheit*

In der Unterrichtseinheit sollen Spaß und Begeisterung für eine neue Sportart geweckt werden, Faustball auch im Anschluss an die Unterrichtseinheit spielen zu wollen. Vier Doppelstunden vermitteln spielerisch die vier Basistechniken, deren Beherrschung bereits ein Spiel auf dem Großfeld ermöglicht. Beim Ausüben der verschiedenen Übungs- und Spielformen sollen kreative Lösungen für neue Bewegungsaufgaben gefunden werden. Die vier Unterrichtsstunden bauen aufeinander auf und erlernte Techniken der ersten Stunden finden in späteren Stunden immer wieder Verwendung.

**Spaß un Begeiste wecken**

### *2.1.2 Adressaten der Unterrichtseinheit*

Hauptaugenmerk bei der Erstellung dieser Unterrichtseinheit ist, einer Gruppe, die erst wenig oder noch keine Erfahrung im Faustball gesammelt hatte, in relativ kurzer Zeit Faustball spielerisch mit Erfolg vermittelt werden kann. Die Einheit kann sowohl in der Schule als auch im Verein durchgeführt werden. Die besonderen räumlichen Bedingungen, die im Schulsport vorherrschen (viele Schüler auf engem Raum), sind in die Erstellung eingegangen.

**Faustba in Schul und Ver**

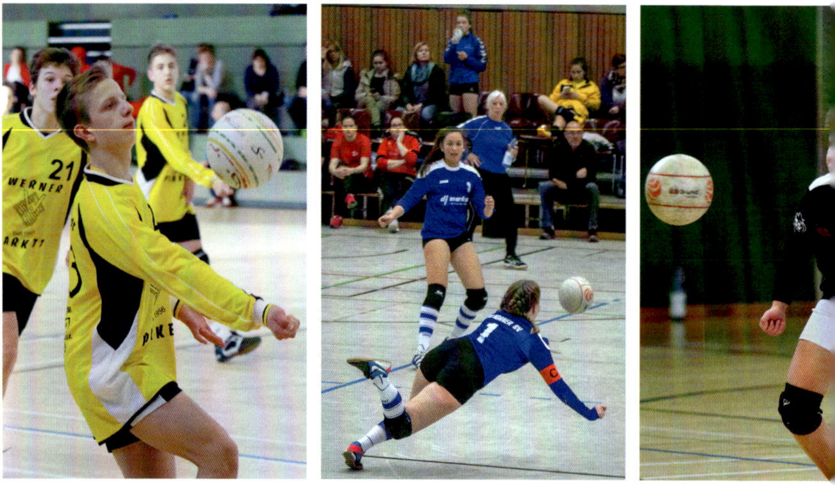

*Abb. 3:* Spaß am Faustballspielen

Die Unterrichtseinheit lässt sich aber auch auf weitere Zielgruppen zuschneiden. Durch Änderung der Spielregeln oder Variation der Feldgröße und Leinenhöhe lassen sich einzelne Spiele und Übungen für andere Gruppen anpassen. Jede Unterrichtsstunde lässt sich außerdem mithilfe der vorgeschlagenen Varianten erschweren oder einfacher gestalten, sodass einzelne Spiele oder Übungen auch im Leistungsbereich oder mit Ballspielgruppen durchführbar sind.

### *2.1.3 Das Vermittlungsmodell der Unterrichtseinheit*

Die Unterrichtseinheit ist an dem spielgemäßen Konzept angelehnt, in dem Spielformen die „Autobahn" darstellen und isolierte, aber spielnahe Übungsformen als „Nebenrouten" zu sehen sind. Spaß am Spielen und Bewegen steht im Vordergrund. In den Spielsituationen lernen die Schüler, dass Technikkorrekturen notwendiger Bestandteil für die weitere Entwicklung ihrer Spielkompetenz sind. Hinweise und Ratschläge verbessern ihr spielerisches Können und führen zu Erfolgserlebnissen.

### *2.1.4 Eignung der Sportart Faustball für den Schulsport*

Faustball bietet gegenüber anderen Rückschlagspielen wie Volleyball oder Tennis einige spezifische Vorteile für den Einsatz im Schulsport. Durch kleine Übungsformen und Kleinfeldspiele lassen sich leicht viele Schüler gleichzeitig beschäftigen, es werden keine zusätzlichen Schlaggeräte benötigt und es werden schon früh Erfolgserlebnisse gesammelt, weil ein flüssiges Spiel schon bei Anfängern zu Stande kommt. Den Ball ohne Bodenkontakt, also volley, zu spielen, stellt Schüler häufig bereits vor größere Herausforderungen. Der erlaubte Bodenkontakt beim Faustball hingegen verringert den Zeit- und Organisationsdruck und ermöglicht somit schon zu Beginn erfolgreiche Ballwechsel – anders, als das beispielsweise im Volleyball der Fall wäre.

Faustball sollte jedoch nicht als Konkurrenzsportart zu anderen Rückschlagspielen gesehen werden. Vielmehr können die Sportarten voneinander profitieren und den Schülern Abwechslung im Sportunterricht bieten. Faustball hat das Potenzial, Volleyball und andere Rückschlagspiele zu trainieren, zu ergänzen oder neue Reize im Spielverständnis, in der Taktik oder allgemein in der Motivation, Sport zu treiben, zu setzen.

### 2.1.5 *Vorteile von Kleinfeldspielen*

Kleinfeldspiele mit bis zu vier Spielern pro Mannschaft sind ideal, um Faustball spielerisch zu vermitteln. Durch kleinere Mannschaften erhalten alle Schüler viele Ballkontakte. Nur wenn sie in das Spiel eingebunden sind, können sie sich verbessern. Bei größeren Gruppen kann es passieren, dass schwächere Teilnehmer im Spiel ausgegrenzt werden. In Kleingruppen wird jedoch jedem die Möglichkeit gegeben, Bewegungserfahrungen zu sammeln. Auf kleinere Entfernungen ist bereits für jüngere oder sportlich unerfahrene Schüler eine optimale Technikausführung möglich.

## 2.2 Hinweise zum strukturellen Aufbau der Unterrichtsstunden

### 2.2.1 *Spiel- und Übungsformen*

Die vier Basistechniken werden durch Spiel- und Übungsformen vermittelt. Die Inhalte sind so konzipiert, dass die Sportler auf spielerische Art und Weise Lösungsansätze für die Bewegungsaufgaben und Spielsituationen finden sollen.

### 2.2.2 *Technikleitbilder*

Technikvorstellungen der Basistechniken erhalten sowohl Lehrer als auch Schüler durch vier Technikleitbilder, die in der Beschreibung der jeweiligen Unterrichtsstunde enthalten sind. Im Anschluss an das Erarbeiten der Technik folgen Spiel- und Übungsformen, die erlauben, die neu erlernte Technik umzusetzen und auszuprobieren.

**Struktur Unterric stunden**

### 2.2.3 *Reflexions-Blöcke*

Jede Stunde wird durch eine Reflexionsrunde abgeschlossen, in der der Lehrer durch gezielte Fragestellungen die wichtigsten Inhalte der Stunde mit den Schülern rekapituliert. Dadurch sollen bereits früh taktische Grundlagen gefestigt werden, die ein erfolgreiches und damit motiviertes Spielen ermöglichen.

## 2.3 Das Setting der Unterrichtseinheit im Detail

### *2.3.1 Die Expertenrolle der Lehrer und Trainer*

Verschiedene Faktoren tragen dazu bei, dass sich die zeitliche Planung der Unterrichtsstunden und -einheiten schwierig gestalten können. Die Zeit, die die Schüler benötigen, die Sporthalle nach der vorhergehenden Stunde zu erreichen, kann stark variieren, Zeit zum Umziehen muss einberechnet werden oder das Abarbeiten organisatorischer Dinge zu Beginn der Stunde eingeplant werden. Das Lösen dieser Herausforderungen gehört zum Alltagsgeschäft von Lehrern und Trainern und wird sie nicht vor unlösbare Aufgaben stellen. Dennoch soll darauf hingewiesen werden.

Die Unterrichtseinheit versucht, durch Hinweise und Varianten die Möglichkeit zu geben, jedes Spiel und jede Übung auf verschiedene Gruppen zuzuschneiden. Ohne die Expertise der Lehrer, die ihre Gruppe einzuschätzen wissen, kann die Unterrichtsstunde aber nicht auf die Schüler angepasst werden. Es ist gewünscht, dass Lehrer und Trainer Inhalte nach ihren Vorstellungen kürzen, verlängern, abändern, hinzunehmen, auslassen oder so splitten, dass eine Doppelstunde in zwei Einzelstunden durchgeführt werden kann.

### *2.3.2 Räumliche Voraussetzungen*

Bei der Erstellung der Unterrichtseinheit wurde davon ausgegangen, dass die Schulklasse in etwa 28 Schüler umfasst und lediglich ein Hallendrittel (ca. 24 m x 18 m) zur Verfügung steht. Die Feldgrößen sind so gewählt, dass das jeweilige Ziel der Übung oder des Spiels erreicht werden kann. Sollten andere Voraussetzungen vorliegen, liegt es im Ermessen des Lehrers, ob die Vorgaben an die spezifischen Gegebenheiten angepasst werden sollten. Spielfelder können bspw. vergrößert werden. Eine Umsetzung im Freien ist auch vorstellbar, erfordert aber einige Umstellungen, auf die hier jedoch nicht eingegangen wird.

### *2.3.3 Eingesetztes Material*

Die wenigsten Schulen sind mit Faustbällen und Faustball-Leinen ausgestattet. Für den Anfängerbereich stellt das kein Problem dar, da der klassische Geräteraum einige kreative Lösungen bietet.

Bei Anfängern kann das Spielen des Balls auf Unterarm und Faust als unangenehm empfunden werden, weshalb im Kinderbereich mit deutlich leichteren und weicheren Bällen gespielt wird. Volleybälle kommen diesen Kinderbällen von ihrer Beschaffenheit und ihrem Sprungverhalten sehr nahe und eignen sich ideal für Anfänger in Schule und Verein. Als zusätzliche Ausrüstung kann auch auf das Tragen von Langarm-Shirts hingewiesen werden, die das Spielen des Balles angenehmer machen.

Als Ersatz für eine Leine bieten sich je nach Leinenhöhe verschiedene Alternativen an, die zum Teil auch im Vereinssport Verwendung finden. In der Unterrichtseinheit ist für jede Stunde beschrieben, welche Alternative zur Leine gewählt werden sollte. Für niedrige Leinenhöhen bieten sich Turnbänke an, die entweder auf dem Boden oder auf zwei kleinen Turnkästen stehen. Mittlere Leinenhöhen lassen sich entweder durch Badmintonnetze oder niedrig eingestellte Volleyballnetze realisieren. Hohe Leinen lassen sich problemlos durch Volleyballnetze ersetzen. Langnetze, die quer durch die Halle gespannt werden (Quernetz), lassen sich in vielen Sporthallen aufbauen und finden in der Unterrichtseinheit häufig Verwendung.

### *2.3.4 Grundlegende Anmerkungen zur Unterrichtseinheit*

Wenn nicht anders in den Spielen oder Übungen beschrieben, gelten einige grundlegende Regeln, wie die Inhalte ausgeführt werden sollten:

- Der Ball darf zwischen den Kontakten auf dem Boden springen.
- Es darf entweder nur ein Arm oder eine Faust zum Spielen des Balles verwendet werden.
- Die Faust muss beim Spielen des Balles geschlossen bleiben.
- Leinenberührungen mit Ball oder Körper gelten als Fehler.
- Wenn der Ball im Aus springt, erhält der Gegner einen Punkt.
- Fair Play: Es werden keine Schieds- und Linienrichter eingesetzt. Die Schüler entscheiden selbstständig über Gutpunkte und Fehler.

### *2.3.5 Verwendete Terminologie*

Zur Vereinfachung der Schreib- und Leseweise **Terminc**

- sind in die Bezeichnungen „Lehrer", „Schüler" und „Spieler" selbstverständlich auch die weiblichen Formen eingeschlossen;
- ist mit „Sportgruppe" auch „Klasse" gemeint;

- wird oft nur eine Bezeichnung „Unterricht“ oder „Training“ gewählt, ohne damit zwischen Vereins- oder Schulsport unterscheiden zu wollen.

### *2.3.6 Grafische Darstellungsformen der Spiel- und Übungsformen*

Die Grafiken versuchen den Übungs- und Spielaufbau möglichst realistisch zu beschreiben. Aufgrund des Fehlens von faustballspezifischen Bewegungsabläufen in der Grafik-Software, sind technische Ausführungen nicht den Grafiken, sondern den Technikleitbildern zu entnehmen. Einige Materialien und Turngeräte waren ebenfalls nicht ideal darstellbar, weshalb zur genaueren Beschreibung auf die Zeichenlegende (Kapitel 2.4) verwiesen wird.

## 2.4 Zeichenlegende

| | | | |
|---|---|---|---|
| 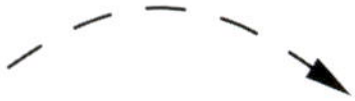 | Ballweg | 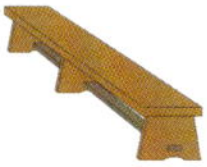 | Turnbank |
| 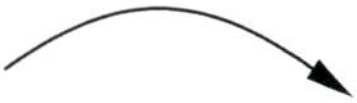 | Laufweg | 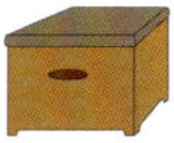 | kleiner Kasten |
| 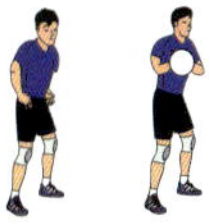 | Spieler (mit und ohne Ball) | 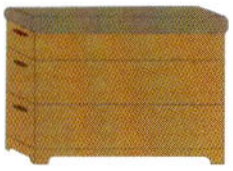 | großer Kasten |
| | Spielfeld-begrenzungen | 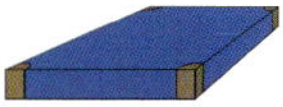 | Turnmatte |
|  | Faustball | 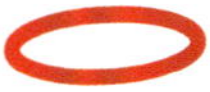 | Reifen |
| 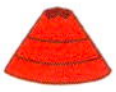 | Markierungs-hütchen | 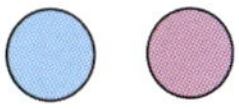 | Gymnastikbälle |
|  | Pylone | 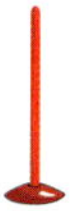 | Slalomstange |

pitel

3

# Vorstellung der vier Unterrichtsstunden zur Einführung der Sportart Faustball im Schul- und Vereinskontext

## 3.1 Unterrichtsstunde 1: Vom Ballhochhalten zur Annahme

### *3.1.1 Übersicht über die erste Stunde*

| | **Inhalte** |
|---|---|
| 1 | Slalomstaffel |
| 2 | Technikleitbild Annahme |
| 3 | Mexiko |
| 4 | Kaiser-Zielspiel |
| 5 | Abwehrbank |
| 6 | Reflexions-Block |

**Materia Checkli**

- Faustbälle
- Hütchen
- Pylonen
- Turnbänke
- Zielfeld (z. B.: Matte, Tor, Bank, Kasten)

Die erste Unterrichtsstunde soll die Basistechnik der Annahme vermitteln und die Spieltaktik im Kontext der Annahme schulen. Basistechnik und Spieltaktik der Annahme sollen von den Schülern spielerisch und induktiv erlernt werden und zu Ende der Stunde in einem Reflexions-Block durch den Lehrer oder Übungsleiter rekapituliert werden. Es ist hilfreich, sich bereits vor Stundenbeginn mit den Lernzielen auseinanderzusetzen, um den Aufbau der Unterrichtsstunde besser zu verstehen und um Hinweise und Korrekturen bereits während der Unterrichtsstunde geben zu können.

Für die erste Stunde ergeben sich folgende Lernziele, die am Ende der Unterrichtsstunde im Reflexions-Block wieder aufgegriffen werden:

1. Die Schüler sollen lernen, welche Feldposition in der Annahmesituation taktisch sinnvoll ist und wieso das der Fall ist. Sie können so das Feld besser abdecken und bieten keine Angriffsfläche direkt angespielt zu werden, was die Annahme deutlich erschwert. Bei kleinen Spielfeldern sollten auch kurzgespielte Bälle in der Feldmitte zu erreichen sein.

2. Die Schüler sollen lernen, weshalb sich die im Lehrbuch vorgestellte Basis-Technik gut für das Spielen des Balles eignet. Die Technik erlaubt ein kontrolliertes Spielen des Balles in die gewünschte Spielrichtung.

3. Die Schüler sollen lernen, dass eine gute Kommunikation mit den Mitspielern bei der Annahmesituation von Bedeutung ist. Nur so kommt es zu klaren Absprachen und Missverständnisse im Spielaufbau können vermieden werden.

4. Die Schüler sollen lernen, dass der erste Ballkontakt die weiteren Spielsituationen am besten vorbereitet, wenn dieser hoch und zentral in das eigene Feld gespielt wird; dann haben die Mitspieler ausreichend Zeit, den Ball zu spielen und in guter Position zu sein, um die nächsten Spielaktionen auszuführen.

## 1 Slalomstaffel

**Material:** Faustbälle, Hütchen, Pylonen, Zielfeld (z. B.: Matte, Tor, Bank, Kasten, etc.)

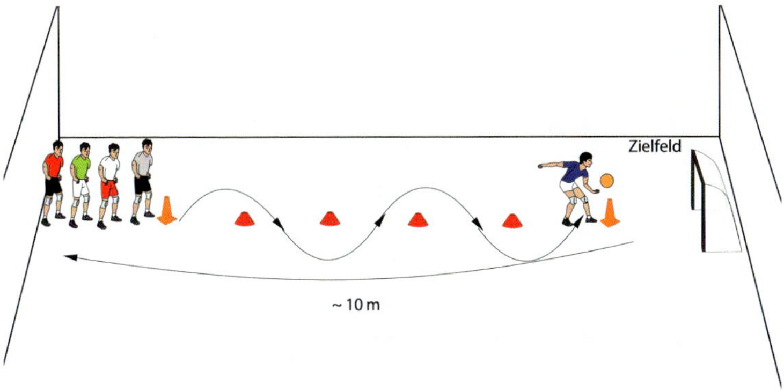


Die Schüler werden in gleich große Gruppen auf verschiedene Staffelbahnen verteilt. Je nach Leistungsniveau der Klasse wählt der Lehrer Anforderungen verschiedener Level aus. Die Schüler durchlaufen den Slalomparcours und führen verschiedene Bewegungsaufgaben aus. Falls die Ausführung einer Bewegungsaufgabe misslingt, muss sich der Sportler hinsetzen, den Ball hochwerfen und im Sitzen fangen. Dann darf er fortfahren. Auf der anderen Seite angekommen, ist es die Aufgabe, den Faustball in ein Zielfeld zu spielen. Gelingt ein Treffer, darf der Rückweg ohne weitere Bewegungsaufgabe erfolgen. Mit der Übergabe des Balles darf das nächste Gruppenmitglied starten. Die Staffel, deren Mitglieder es als erstes schaffen, den Parcours zu meistern, gewinnt.

**Hinweis**

- 4–5 Schüler pro Gruppe.
- Die Slalomstrecke sollte mindestens 10 m betragen.
- Ein Mischen der Varianten ist möglich. Vermeintlich einfache Bewegungsaufgaben können bei guten Gruppen für Spaß und Bewegung sorgen.
- Als Zielfeld können Markierungen auf einer Wand, einer aufgestellten Weichbodenmatte oder einem Trennvorhang dienen. Möglich sind auch kleine Tore und Kästen.

**Variante**

- Den Ball mit dem Unterarm anspielen, springen lassen, fangen (Level 1).
- Den Ball auf dem Unterarm balancieren. Die freie Hand darf den Ball zur Unterstützung festhalten (Level 1).
- Der Faustball wird mit geschlossener Faust geprellt. Wichtig: Beide Arme verwenden (Level 2).
- Den Ball mit dem Unterarm spielen. Einmaliges Aufspringen des Balles zwischen den Kontakten ist erlaubt (Level 2).
- Den Ball auf dem Unterarm ohne unterstützende Hand balancieren. (Level 3).
- Ohne Bodenkontakt den Ball faustballtechnisch hochhalten (Level 3).
- Elemente des Lauf-ABCs wie Hopserläufe, Sprungläufe, Sidesteps oder Kniehebeläufe können als Zusatzanforderung eingestreut werden (Level 3).

## 2 Technikleitbild Annahme

Das folgende Technikleitbild zeigt die Basistechnik der Annahme. Der Hauptimpuls bei der Annahme erfolgt aus den Beinen. Verschiedene Spielsituationen erfordern weitere Annahmetechniken (Hechtannahme, seitliches Abrollen über die Schulter, etc.), die in diesem Lehrbuch fehlen. Ein Beherrschen der Standardannahme ermöglicht bereits ein erfolgreiches Spielen und genügt für den Anfängerbereich.

Technikerklärung für Rechtshänder:

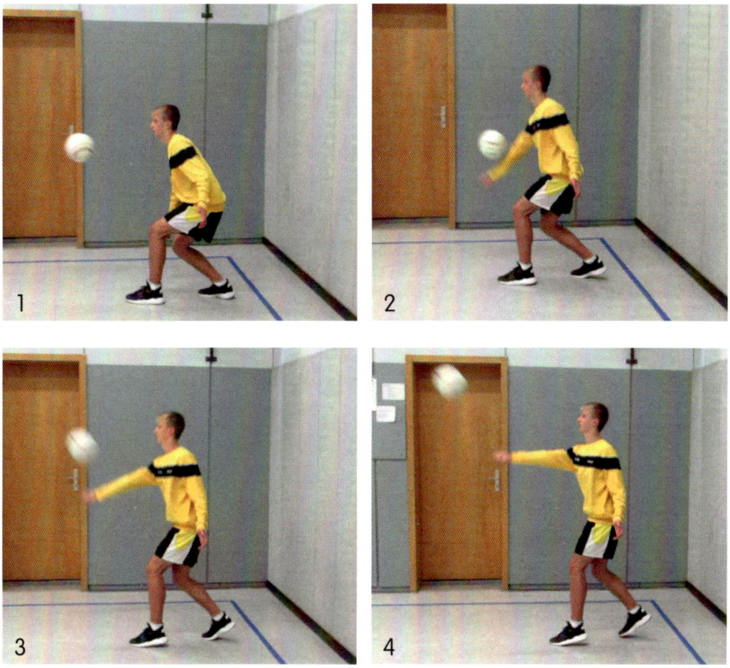


1 Der Faustball wird mit den Augen fixiert und der Spieler bewegt sich schnell und sicher zum Spielort des Balles, sodass sein Oberkörper in Spielrichtung zeigt. Er nimmt eine leichte Schrittstellung ein, wobei das linke Bein vor dem rechten steht. Der Spielarm befindet sich vor dem Körperschwerpunkt und ist gestreckt. Die Faust ist geschlossen. Fuß-, Knie- und Hüftgelenk sind gebeugt, um eine Tief-Hoch-Bewegung nach vorne in Ballspielrichtung ausführen zu können.

2 Die Tief-Hoch-Bewegung in Ballspielrichtung wird durch Strecken des Fuß-, Knie- und Hüftgelenks eingeleitet. Der Faustball wird auf der Innenseite des Unterarms getroffen. Hierfür muss der Arm leicht aufgedreht sein, sodass Faust und Unterarm in Spielrichtung gerichtet sind. Der Oberkörper ist leicht nach vorne geneigt.

3. + 4. Die Bewegung wird kontrolliert und dynamisch weitergeführt. Wenn der rechte Arm in Schritt 1 vor dem Körperschwerpunkt gehalten wurde, sollte der Arm nicht höher als in die Waagerechte angehoben werden müssen.

## 3 Mexiko

**Material:** Faustbälle, Hütchen oder Pylonen

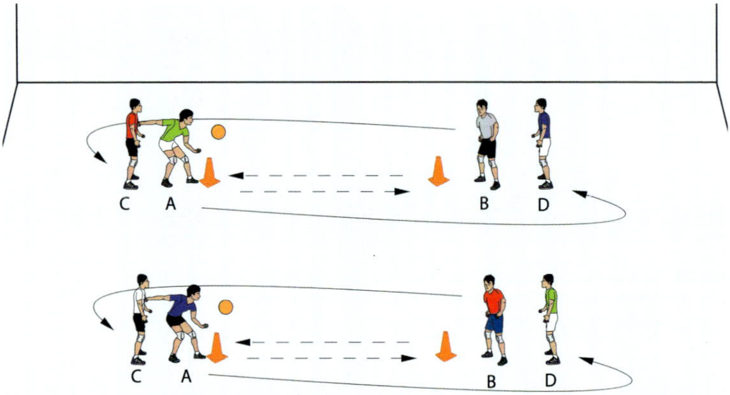


Bei dem Rundlaufspiel Mexiko wird jede Staffelgruppe geteilt und so aufgestellt, dass sich die beiden Teilgruppen in einem Abstand von mindestens 3 m gegenüber stehen. Nun wird der Ball angeworfen, einmal springen gelassen und dann mit der erlernten Technik in die Hände des Gegenübers gespielt. Daraufhin läuft der Schüler dem Ball hinterher und reiht sich auf der gegenüberliegenden Seite wieder ein, sodass ein Rundlaufsystem entsteht.

**Hinwei**

- Die Gruppeneinteilung der Slalomstaffel bleibt gleich.
- Der Abstand zwischen den Teilgruppen sollte so gewählt sein, dass die Abwehrtechnik korrekt ausgeführt werden kann.

**Variant**

- A wirft den Ball mit einmaligem Aufspringen zu B, der mit erlernter Abwehrtechnik den Ball zu C spielt, der den Ball fängt. Dann wirft C zu D, D spielt zu B, der den Ball fängt (Level 2).
- Ein Feld wird mit Hütchen markiert und durch eine Turnbank geteilt. Der Ball wird so lange im Rundlauf gespielt, bis ein Fehler passiert. Dann wird erneut angespielt. Jeder Schüler zählt seine Fehler selbstständig. Sind ihm drei Fehler unterlaufen, muss er aussetzen, kann sich aber durch fünf Liegestütze wieder in das Spiel „einkaufen“. Der Ball darf nicht direkt gespielt werden (Level 2).
- Wie in der Variante davor, der Ball darf aber auch direkt gespielt werden (Level 3).

## 4 Kaiser-Zielspiel

**Material:** Faustbälle, Hütchen

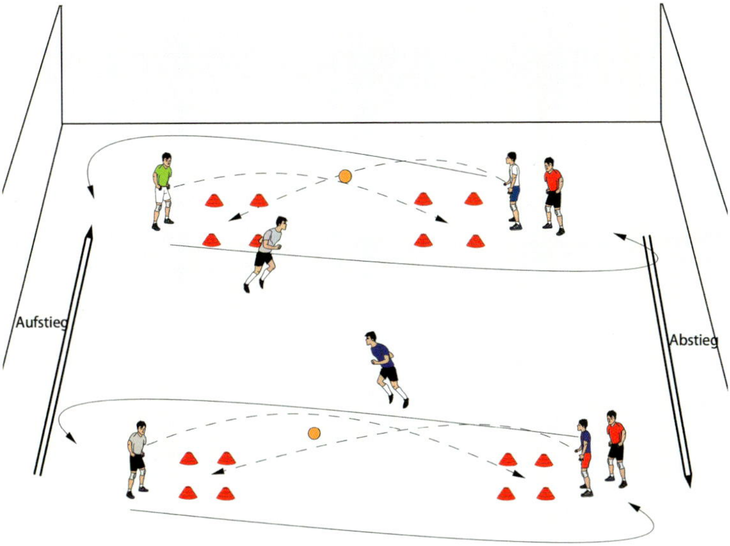


Durch das Kaiser-Zielspiel bringen wir eine weitere spielerische Komponente in die Sportstunde ein. Die Organisationsform des Rundlaufsystems und die Gruppengröße werden beibehalten und der Übungsaufbau durch zwei Zielfelder ergänzt, die mithilfe von Markierungshütchen abgesteckt werden. Für jeden Treffer erhält man einen Punkt. Diese werden von den Schülern selbstständig gezählt und am Ende jeder Runde steigt der Schüler mit den meisten Punkten in die nächst höhere Liga auf, der mit den wenigsten steigt ab. Die Spielzeit beträgt drei Minuten.

- Der Abstand zwischen den Spielfeldern muss so gewählt sein, dass die Schüler genügend Zeit haben, die Seite zu wechseln.
- Der Ball darf nicht direkt angenommen werden, weil sonst Treffer der anderen Schüler verhindert werden können.
- Eine Balance der Erfolgschancen sollte gegeben sein. Ist ein Treffer zu schwierig, kann das frustrieren. Ist ein Treffer allerdings zu einfach, können sich die Schüler schnell langweilen.
- Durch die Grundidee des Kaiserspiels resultiert eine Aufteilung der Gruppe, die am Ende des Spiels das Leistungsniveau in etwa widerspiegelt und Differenzierungen zwischen den Gruppen ermöglicht.

Variant

- Nachdem der Ball aufgesprungen ist, wird er gefangen (Level 1).
- Doppelkontakte sind erlaubt, um den Schülern mehr Zeit zu gewähren (Level 2).
- Die Zielfelder werden verkleinert oder der Abstand zwischen ihnen vergrößert (Level 3).
- In den höheren Ligen werden Treffer erschwert, in den unteren Ligen erleichtert (Level 2–3).

## 5 Abwehrbank

**Material:** Faustbälle, Hütchen, Turnbänke

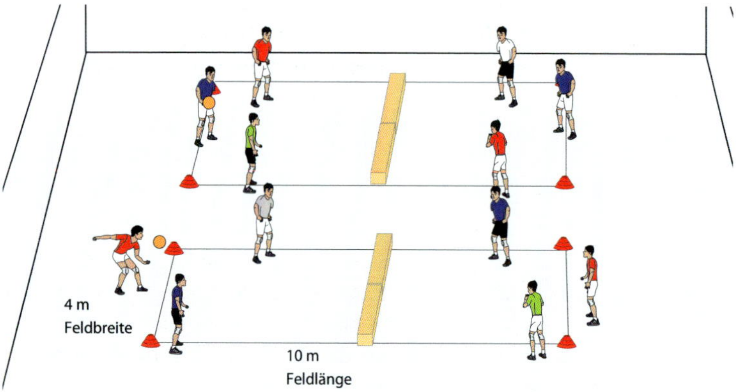


Als Abschluss der ersten Faustballstunde werden Teams à drei Sportlern gebildet und Spielfelder markiert. Den Aufschlag ausgenommen, muss jede Mannschaft pro Spielzug drei Ballkontakte spielen, sodass jeder Spieler den Ball einmal berührt. Das bereitet zum einen die typische Handlungskette aus Annahme-Zuspiel-Angriff vor, gewährleistet aber auch, dass alle Schüler ins Spiel eingebunden sind.

Der Faustball darf, muss aber nicht, den Boden zwischen den Kontakten einmalig berühren. Leinenberührungen mit Ball oder Körper gelten als Fehler. Wer den Punkt erzielt hat, eröffnet den nachfolgenden Spielzug mit der Angabe. Die Faust muss beim Spielen des Balls stets geschlossen sein.

Hinweis

- Die Feldmaße lassen sich frei gestalten (Vorschlag: 10 m x 4 m). Je kleiner das Feld, desto höher der Präzisionsdruck, je größer das Feld umso schwieriger ist es, das gesamte Spielfeld in der Abwehr abzudecken.

- Häufig bietet es sich in Sporthallen an, die eingezeichneten Markierungslinien zu verwenden.
- Als Leine werden Turnbänke verwendet. Als Alternative können aber auch niedrige Netze (z. B. ein Badmintonnetz) eine Option sein. Maximale Höhe 70 cm.
- Schmetterschläge (Angriffsschläge über der Schulterachse) sind nicht erlaubt.
- Die Spielzeit beträgt zwischen zwei und fünf Minuten. Wie beim Kaiserspiel steigt der Gewinner auf, der Verlierer steigt ab.

- Ein Zwischenfangen des Balles ist erlaubt (Level 1).
- Nur ein Spielen mit dem schwächeren Arm ist erlaubt (Level 2).
- Jedes Team bekommt einen weiteren Ball, den einer der Spieler in der Hand hält. Der Schüler, der den Faustball spielt, darf nicht in Besitz des „Halteballs" sein. Der Halteball darf den Boden nicht berühren (Level 3).

## 6 Reflexions-Block

Die Reflexion sollte am Ende der Unterrichtsstunde stattfinden. Um ein besseres Verständnis davon zu vermitteln, welche Aspekte des taktischen Spielverständnisses in der Stunde herausgearbeitet werden sollen, sind die Reflexionsfragen und die jeweiligen Antworten bereits hier aufgeführt. Durch offene Fragestellungen sollen die Inhalte der Spiele und Übungen rekapituliert werden.

ragen

1. Wie waren die Positionen in der Defensive bei dem Spiel „Abwehrbank" am sinnvollsten gewählt?

   *An den Seitenlinien unseres Feldes und nicht allzu nah am Mitspieler.*

2. Wieso war es von Vorteil sich außen aufzustellen?

   *Wir konnten die Bälle springen lassen und hatten so mehr Zeit den Ball anzunehmen.*

3. Wie lässt sich der Ball am besten annehmen?

   *Hinter dem Ball stehend mit dem Unterarm.*

4. Wie habt ihr signalisiert, dass ihr den ersten Ball spielen wollt?

   *Wir haben laut „Ich" oder „Weg" gerufen.*

5. Wie habt ihr den ersten Ball am erfolgreichsten gespielt?

   *Wir haben ihn hoch und zentral in unser eigenes Feld gespielt.*

## 3.2 Unterrichtsstunde 2: Vom Ballhochspielen zum Zuspiel

### 3.2.1 *Übersicht über die zweite Stunde*

| | **Inhalte** |
|---|---|
| 1 | Alle Bälle hoch |
| 2 | Hit-and-Run |
| 3 | Technikleitbild Zuspiel |
| 4 | Schiffe treffen |
| 5 | Reifenleger |
| 6 | Reflexions-Block |

Materia
Checkli

- Faustbälle
- Verschiedene Bälle (Volleybälle, Tennisbälle, Handbälle, Indiacas, Luftballons, etc.)
- Hütchen
- Quernetz
- Reifen
- Kleine Matten
- Kleine Kästen

Die zweite Unterrichtsstunde soll die Basistechnik des Zuspiels vermitteln und die Spieltaktik im Kontext des Zuspiels schulen. Basistechnik und Spieltaktik des Zuspiels sollen von den Schülern spielerisch und induktiv erlernt werden und zu Ende der Stunde in einem Reflexions-Block durch den Lehrer oder Übungsleiter rekapituliert werden.

Es ist hilfreich, sich bereits vor Stundenbeginn mit den Lernzielen auseinanderzusetzen, um den Aufbau der Unterrichtsstunde besser zu verstehen und um Hinweise und Korrekturen bereits während der Unterrichtsstunde geben zu können.

Für die zweite Stunde ergeben sich folgende Lernziele, die am Ende der Unterrichtsstunde im Reflexions-Block wieder aufgegriffen werden:

1. Die Schüler und Sportler sollen lernen, die Flugbahn des Balles einschätzen zu können. Diese Fertigkeit ist nicht nur für das Zuspiel von großer Wichtigkeit. Auch in anderen Spielsituationen können die Schüler davon profitieren.

2. Die Schüler und Sportler sollen lernen, dass sich je nach Flugkurve des Balls das Aufsprungverhalten ändert und sie ihre Feldposition dementsprechend anpassen müssen, um in bestmöglicher Position „zum Ball zu stehen“.

3. Die Schüler und Sportler sollen lernen, dass die Ausrichtung ihres Körpers von zentraler Bedeutung ist, um den Ball in die gewünschte Richtung zu spielen.

4. Die Schüler und Sportler sollen lernen, dass das rechte Bein beim Zuspiel vorne stehen soll, wenn der Ball mit dem rechten Arm gespielt wird (entsprechend: Linkes Bein und linker Arm). In dieser Spielposition ist die Bewegung weniger anfällig für Fehler in der Bewegungsausführung, und eine ausschlagende Armbewegung wird unterbunden.

## 1 Alle Bälle hoch

**Material:** verschiedene Bälle, Quernetz, Geräte (Reifen, kleine Matten, kleine Kästen)

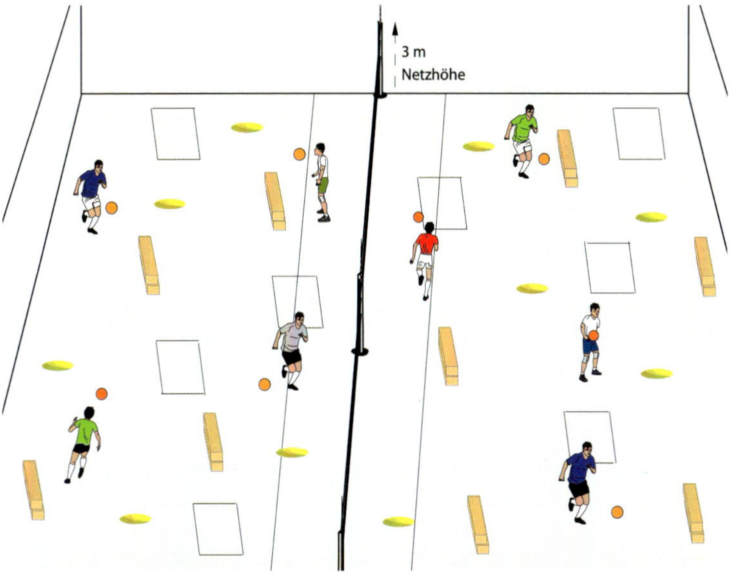


Bereits vor Beginn der Stunde werden ein Quernetz durch die Halle gespannt und verschiedene Turngeräte in der Halle verteilt, um eine

Hindernislandschaft zu erschaffen. Verschiedenste Bälle werden an die Schüler verteilt, wobei jeder Schüler einen Ball haben sollte (vorstellbar sind Faustbälle, Volleybälle, „Eggbälle“, kleine Bälle, Indiacas, etc.). Die Schüler laufen anschließend kreuz und quer durch die Halle und spielen sich den Ball mit dem Unterarm hoch. Bei Luftballons und Indiacas ohne Bodenkontakt zwischen den Ballkontakten, bei den restlichen Bällen mit. Auf ein Pfeifsignal, das nach einer Minute durch den Lehrer erfolgt, werden die Bälle untereinander gewechselt.

**Hinweis**

- Die Schüler müssen auf die Stolpergefahr hingewiesen werden, bei Klassen mit höherem Spielniveau dienen die Hindernisse dem Organisations- und Variabilitätsdruck.
- Das Netz sollte ausreichend hoch sein (etwa 3 m), damit die Schüler auf beiden Netzseiten spielen können. Volleyball-Quernetze bieten sich an.

**Variante**

- Hindernisse erst nach dem Spiel aufbauen, um die Stolpergefahr zu vermeiden (Level 1).
- Die Übergabe der Bälle erfolgt selbstständig beim Begegnen auf der Spielfläche (Level 2).
- Der Lehrer vereinbart drei Kommandos mit der Klasse, auf die sich die Schüler schnellstmöglich auf die Matten und Kästen bzw. in die Reifen bewegen müssen (Level 2).
- Weitere Bewegungsaufgaben müssen parallel gelöst werden (Armkreisen, Hopserlauf, Sidesteps, etc.) (Level 3).
- Läuft ein Schüler über ein Hindernis oder nah daran vorbei, muss er sich einmal um die eigene Achse drehen (Reifen), auf den Rücken legen (Matte) oder auf den Kasten setzen. Dabei versucht er, den Ball weiterhin zu spielen (Level 3).

## 2 Hit-and-Run

**Material:** Faustbälle, Hütchen, Quernetz, Geräte (Reifen, kleine Matten, kleine Kästen)

Der Aufbau von „Alle Bälle hoch“ bleibt der gleiche und das Feld wird zusätzlich durch eine Orthogonale zum Netz in vier Sektoren geteilt. Die Schüler finden sich in Paaren zusammen und nehmen sich einen Faustball. Der eine Partner agiert ausschließlich in den Sektoren I und II, der andere nur in III und IV. Ziel beim Hit-and-Run ist es, den Ball mit dem Unterarm über das Netz zum Partner zu spielen, der bei der Annahme entweder in einem Reifen oder auf einer Matte bzw. einem

Kasten stehen muss. Dann sucht sich der Zuspieler schnellstmöglich ein Gerät (Reifen, Matte, Kasten) im anderen Sektor und wird zum Annahmespieler.

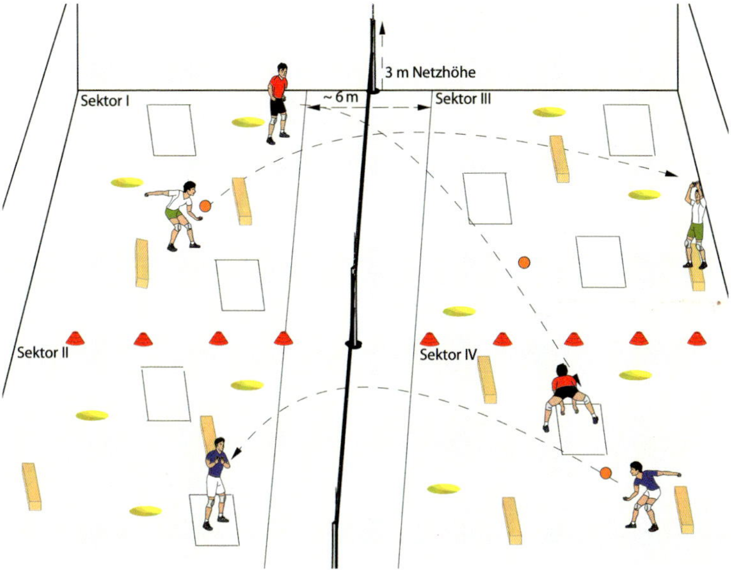


Ist der Annahmespieler gezwungen seine Position zu verlassen, gibt es keinen Punkt. Wird der Ball gefangen, erhält das Paar einen Punkt. Zwei Punkte gibt es, wenn die Annahme faustballtechnisch mit dem stärkeren Arm erfolgt und der Ball auf bzw. in dem Gerät gefangen wird. Drei Punkte sogar, wenn der schwächere Arm benutzt wird. Das Paar mit den meisten Punkten nach Ablauf der Zeit, gewinnt.

- Das Netz ist hoch (etwa 3 m).
- Das Zuspiel erfolgt außerhalb der Geräte.
- Idealerweise entspricht die Zahl der Geräte, der der Schüler.
- Spielzeit zwischen zwei und fünf Minuten. In weiteren Runden können Partner gewechselt oder Varianten hinzugenommen werden.

- Nach der Netzüberquerung ist ein einmaliges Aufspringen des Balles auf dem Boden erlaubt (Level 1).
- Der Ball darf nach der Faustballannahme einmalig aufspringen, bevor er gefangen werden muss. Das Gerät darf zum Fangen verlassen werden (Level 1).
- Nach einer Faustballannahme darf das Gerät zum Fangen verlassen werden (Level 2).
- Der schwächere Arm wird zum Zuspiel verwendet (Level 3).

## 3 Technikleitbild Zuspiel

Das Zuspiel bereitet den Spielschlag vor und ist Basis für ein erfolgreiches Angriffsspiel. Der Hauptimpuls beim Zuspiel kommt aus den Beinen. Insbesondere ein schnelles Bewegen zum Spielort des Balles ist von großer Wichtigkeit, um die ideale Technik auszuführen. Auch beim Zuspiel beschränkt sich die Technikbeschreibung auf die Basistechnik des Zuspiels, andere Zuspieltechniken (aus dem Hecht, Rettungszuspiel aus dem Aus, etc.) werden nicht behandelt.

Technikerklärung für Rechtshänder:

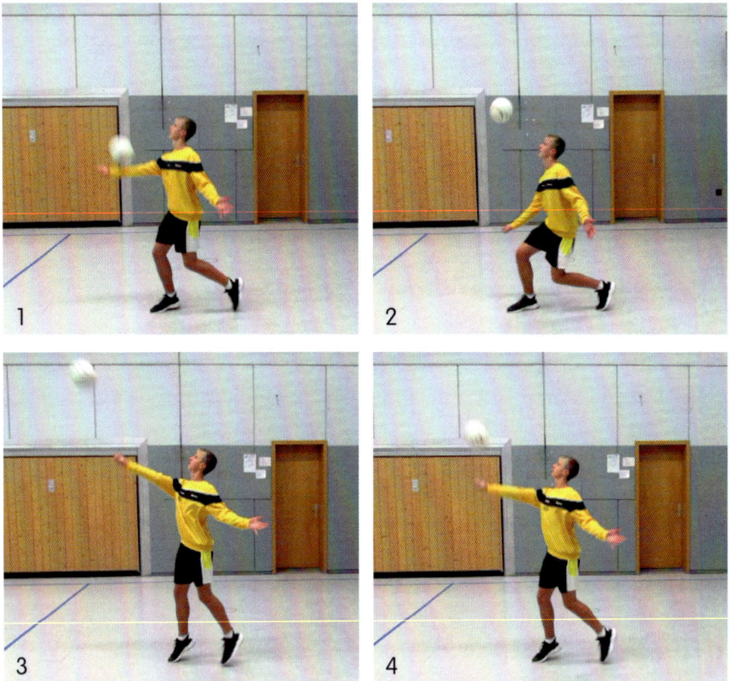




1 Der Faustball wird mit den Augen fixiert und der Spieler bewegt sich schnell und sicher zum Spielort des Balles, sodass sein Oberkörper in Spielrichtung zeigt. Der Spieler befindet sich unter und leicht hinter dem Ball. Er nimmt eine leichte Schrittstellung ein, wobei das rechte Bein vorne steht (Unterschied zur Annahme). Der rechte Arm befindet sich gestreckt vor dem Körper. Die Faust ist geschlossen. Fuß-, Knie- und Hüftgelenk sind gebeugt, um eine Tief-Hoch-Bewegung leicht nach vorne in Ballspielrichtung ausführen zu können.

| | |
|---|---|
| 2 | Die Tief-Hoch-Bewegung in Ballspielrichtung wird durch Strecken des Fuß-, Knie- und Hüftgelenks eingeleitet. Der Faustball wird auf der Innenseite des Unterarms getroffen, wofür der Arm leicht aufgedreht sein muss. Der Winkel des Armes beim Balltreffpunkt bestimmt den Abflugwinkel des Balles. Je nach Position zur Leine variiert der ideale Winkel. Nahe an der Leine sollte der Arm beim Balltreffpunkt etwa parallel zum Boden sein. Je größer die Distanz, umso kleiner muss der Winkel zwischen Arm und Oberkörper sein. |
| 3. + 4. | Die Bewegung wird kontrolliert und dynamisch weitergeführt. Der rechte Arm schwingt kontrolliert nach oben aus. Bei größerem Krafteinsatz ist ein leichtes Hüpfen nach der Bewegung erlaubt. |

## 4 Schiffe treffen

**Material:** Faustbälle, Hütchen, Quernetz, Geräte (Reifen, kleine Matten, kleine Kästen)

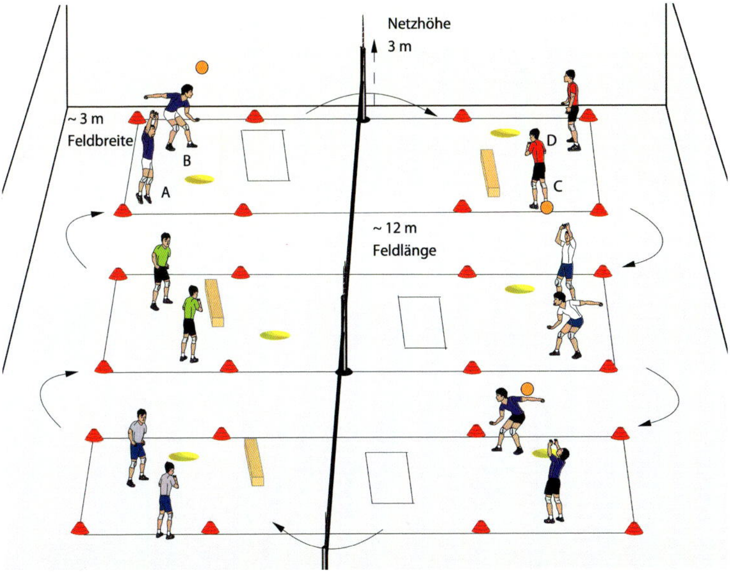


Mithilfe des Technikleitbilds wird die idealtypische Zuspieltechnik illustriert und demonstriert. Um die neu erlernte Technik in einer Spielform erproben zu können, finden sich je zwei Paare zum Schiffe treffen zusammen, die als Mannschaft zusammenspielen und mit Hütchen ein Feld markieren. In der eigenen Feldhälfte positioniert das Paar zwei Geräte (Schiffe) seiner Wahl. Partner A wirft den Ball mit Bodenkontakt an, B spielt ihn mit dem Unterarm in das Feld von C und D und versucht, ein Schiff zu treffen. Dann wirft C für D, B für A, und so weiter. Pro Treffer erhält das Team einen Punkt, bei Treffern mit dem schwächeren Arm sogar drei. Das Team, das zuerst 20 Punkte gesammelt hat, gewinnt, und die erste Spielrunde ist damit beendet. Dann rotieren die Paare im Uhrzeigersinn weiter.

**Hinweis**

- Die Felder sind recht schmal gewählt (Vorschlag: 12 m x 3 m), um auch in einem Hallendrittel mit einer großen Klasse arbeiten zu können. Bei mehr Platzangebot kann das Feld auch vergrößert werden.

**Variante**

- Netzüberquerungen des Balles ergeben zusätzlich einen Punkt (Level 1).
- Geräte dürfen nur in der hinteren Hälfte des Feldes liegen (Level 2).
- Alle Paare, die sich auf einer Netzseite befinden, treten gegen die Paare auf der anderen Seite an. Wird der Ball in bzw. auf ein Schiff gespielt, ist es „versenkt“ und muss über die Grundlinie aus dem Spielfeld geräumt werden. Die Netzseite, die zuerst alle Schiffe versenkt, gewinnt (Level 2).
- Sowohl Anwurf als auch Zuspiel müssen hinter der Grundlinie gespielt werden (Level 3).
- Alle Ballkontakte sind faustballtechnisch auszuführen und ein Spielfluss entsteht. D. h., nach Geräteberührung wird weitergespielt (Level 3).

## 5 Reifenleger

**Material:** Faustbälle, Hütchen, Reifen

Das Netz und die Spielfelder vom „Schiffe treffen“ werden beibehalten. Alle Kästen und Matten werden hinter die Spielfelder geräumt. Jedes Paar hat einen Reifen, sucht sich ein Feld und tritt dort gegen ein weiteres Paar an. Pro Feld wird ein Faustball benötigt.

Spieler A schlägt von unten mit dem Unterarm auf. Spieler D hält den Reifen in der Hand und versucht den Auftreffpunkt des Balles zu antizipieren und den Reifen dort auf dem Boden abzulegen. C nimmt den Ball faustballtechnisch an, D spielt ihn über das Netz. Jetzt legt B den

Reifen an die richtige Stelle und A nimmt den Ball an. In der Zwischenzeit hat C den Reifen aufgenommen und übernimmt die Aufgabe, den Reifen an den richtigen Ort zu legen.

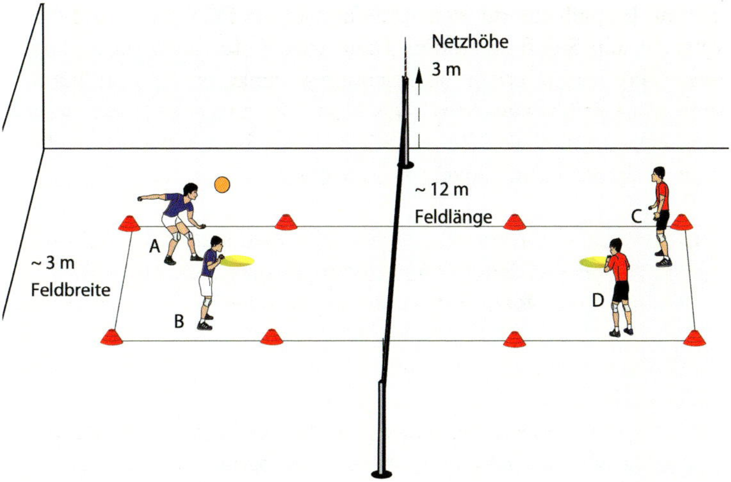


- Pro erfolgreichem Reifenleger erhält ein Team einen Punkt. Ein zusätzlicher Punkt wird erzielt, wenn der Gegner den Ball nicht regelkonform oder ins Aus spielt bzw. nicht retournieren kann.
- Die Spielzeit beträgt 3 Minuten. Dann erfolgen nach den Regeln des Kaiserspiels Auf- und Abstieg.

- Nach dem Reifenlegen wird der Ball vom Partner gefangen und das nächste Anspiel erfolgt aus dem Reifen (Level 1).
- Zwischenfangen ist erlaubt (Level 1).
- Doppelberührungen sind erlaubt (Level 2).

## 6 Reflexions-Block

Die Reflexion sollte am Ende der Unterrichtsstunde stattfinden. Um ein besseres Verständnis davon zu vermitteln, welche Aspekte des taktischen Spielverständnisses in der Stunde herausgearbeitet werden sollen, sind die Reflexionsfragen und die jeweiligen Antworten bereits hier aufgeführt. Durch offene Fragestellungen sollen die Inhalte der Spiele und Übungen rekapituliert werden.

1. Wie konntet ihr erkennen, wohin ihr den Reifen beim „Reifenleger" ablegen musstet?

   *Wir haben die Flugbahn des Balles beobachtet und uns schnell zum Ort bewegt, an dem der Ball aufspringen wird.*

2. Wo musste sich der Partner positionieren, der den Reifen nicht in der Hand hatte und den Ball faustballtechnisch spielen musste?

   *Einige Meter hinter dem Reifenleger, um den Ball mit dem Unterarm vor dem Körper spielen zu können.*

3. Wohin zeigt der Bauchnabel beim Spielen des Balles?

   *Immer in die gewünschte Spielrichtung.*

4. Welches Bein steht beim Zuspiel vorne, wenn mit rechts gespielt wird?

   *Das rechte Bein.*

5. Wieso steht das rechte Bein beim Zuspiel vorne, wenn mit rechts gespielt wird?

   *Weil wir so ruhiger und stabiler stehen und dadurch das Fehlerpotenzial beim Spielen des Balles geringer ist.*

## 3.3 Unterrichtsstunde 3: Vom Zielschießen zur Angabe

### *3.3.1 Übersicht über die dritte Stunde*

| | **Inhalte** |
|---|---|
| 1 | Treibball |
| 2 | Technikleitbild zur Angabe |
| 3 | Kastenball |
| 4 | Torballspiel |
| 5 | Faustball-Biathlon |
| 6 | Reflexions-Block |

- Faustbälle
- Gymnastikbälle
- Hütchen
- Pylonen
- Kleine Kästen
- Weichbodenmatten
- Turnbänke
- Slalomstangen
- Würfel
- Tafelkreide

Die dritte Unterrichtsstunde soll die Basistechnik der Angabe vermitteln und die Spieltaktik im Kontext der Angabe schulen. Basistechnik und Spieltaktik der Angabe sollen von den Schülern spielerisch und induktiv erlernt werden und zu Ende der Stunde in einem Reflexions-Block durch den Lehrer oder Übungsleiter rekapituliert werden.

Es ist hilfreich, sich bereits vor Stundenbeginn mit den Lernzielen auseinanderzusetzen, um den Aufbau der Unterrichtsstunde besser zu verstehen und um Hinweise und Korrekturen bereits während der Unterrichtsstunde geben zu können.

Für die dritte Stunde ergeben sich folgende Lernziele, die am Ende der Unterrichtsstunde im Reflexions-Block wieder aufgegriffen werden:

1. Die Schüler und Sportler sollen lernen, dass die Ausführung einer Angabe durch einen Überkopfschlag Vorteile gegenüber anderen Techniken bietet. Mit dem Überkopfschlag kann eine größere Schlaghärte erzielt werden und die höhere Schlaghöhe erlaubt Winkelschläge, die bei niedrigeren Höhen nicht möglich wären.

2. Die Schüler und Sportler sollen lernen, dass die vorgestellte Basistechnik hilfreich ist, um eine größere Schlaghärte zu erreichen und den Ball am höchst möglichen Punkt zu treffen.

3. Die Schüler und Sportler sollen lernen, dass es im Spiel sinnvoll ist, den Ball möglichst nah an die Grund- und Seitenlinien zu schlagen, um den Abwehrspielern eine kontrollierte Annahme zu erschweren. Sie sollen auch erkennen, dass es Spielsituationen gibt, in denen ein gefühlvolles „Ablegen" des Balles im gegnerischen Spielfeld große Erfolgschancen verspricht.

## 1 Treibball

**Material:** Faustbälle, Gymnastikbälle

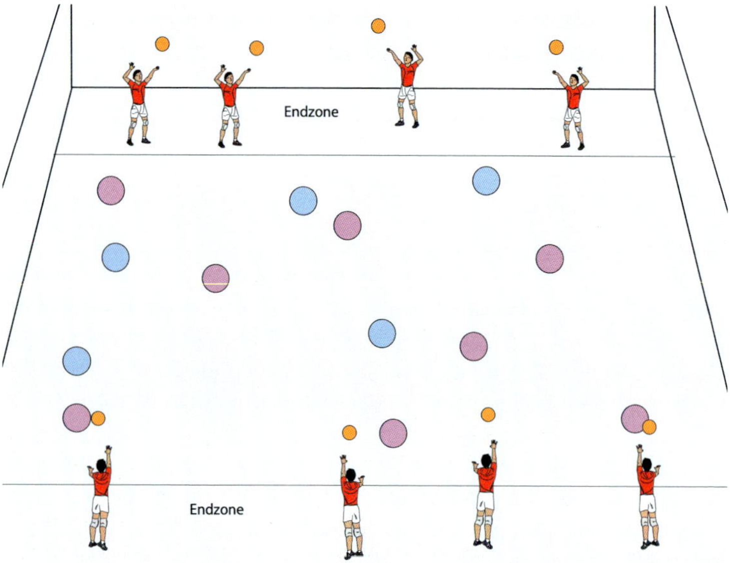


Die Klasse wird in zwei Gruppen geteilt, die sich auf gegenüberliegenden Hallenseiten in ihren Endzonen aufstellen. Im Zwischenraum werden Gymnastikbälle verteilt. Die Schüler „bewaffnen“ sich mit Faustbällen.

Ziel beim „Treibball“ ist es, die Gymnastikbälle – durch gezielte Überkopfschläge mit der Faust – so zu treffen, dass sie über die Endzonenlinie der gegnerischen Mannschaft rollen. Wurde ein Gymnastikball in die Endzone getrieben, wird er an der Mittellinie wieder ins Spiel gebracht. Der Lehrer zählt die Punkte und pfeift das Spiel nach einem Zeitlimit oder nach einer bestimmten Anzahl erreichter Punkte ab.

- In einer ersten Warm-up-Runde werden die Bälle geworfen, um die Schultermuskulatur aufzuwärmen.
- Jeder Schüler hat einen Faustball. Auf einen Gymnastikball kommen zwei bis drei Schüler.

- Die Anzahl von Gymnastikbällen wird reduziert (Level 2).
- Anstatt Gymnastikbällen werden Basketbälle verwendet (Level 3).

## 2 Technikleitbild Angabe

Die Angabe stellt das zentrale Spielelement im Faustball dar, weil jeder Spielzug durch sie eröffnet wird. Eine gute Angabe bildet die Grundlage für ein erfolgreiches Spielen. Eine korrekte Technikausführung ist essentiell, um zielführend zu schlagen und Verschleißerscheinungen in Schulter- und Ellbogengelenk vorzubeugen. Das folgende Technikleitbild beschreibt die Standangabe. Eine Technikbeschreibung der Sprungangabe fehlt in diesem Lehrbuch.

Technikerklärung für Rechtshänder:

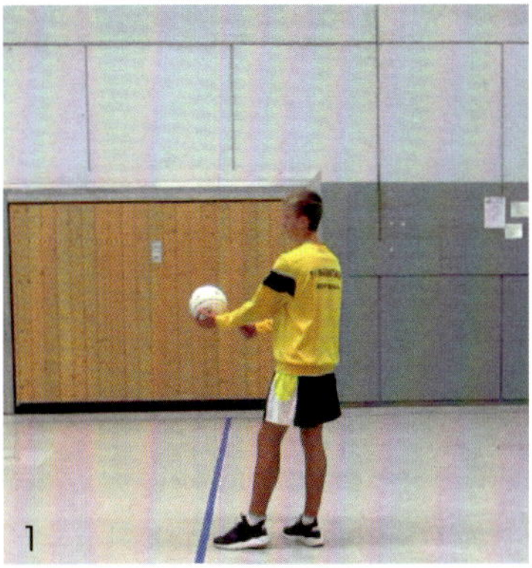


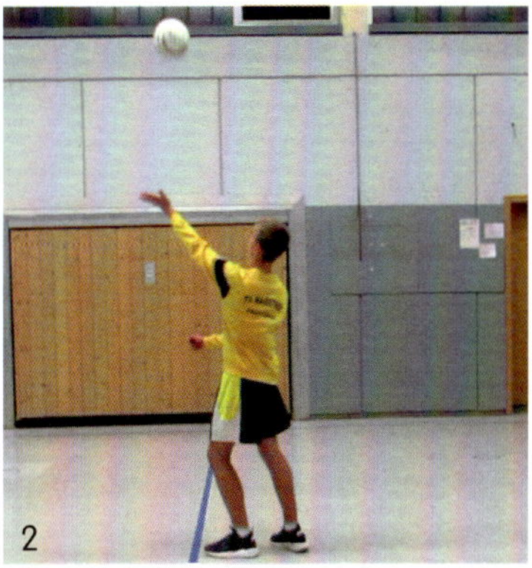

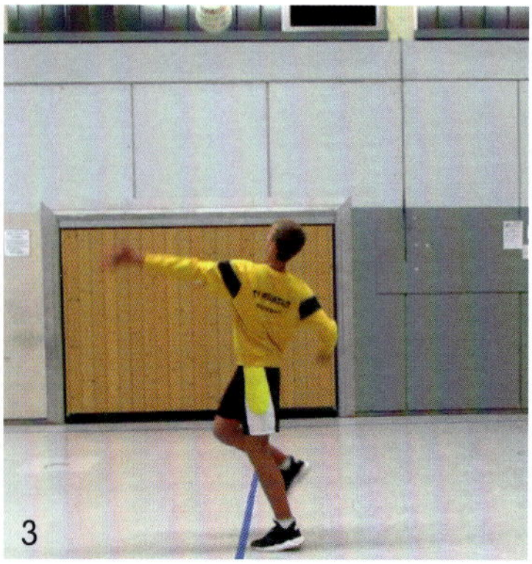


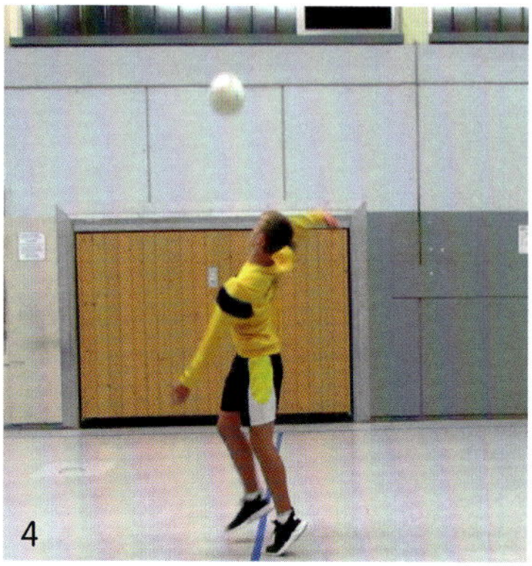


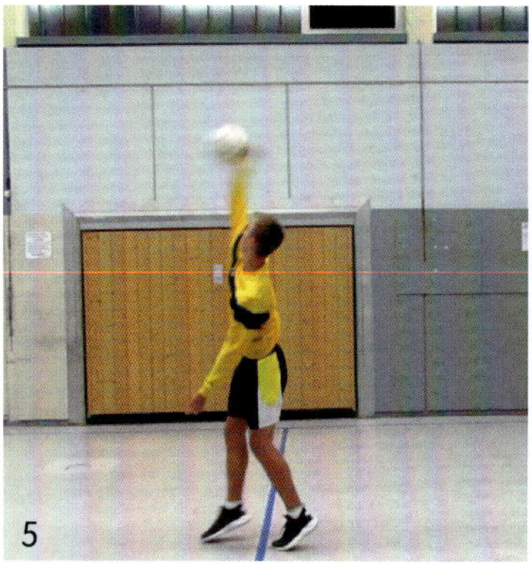


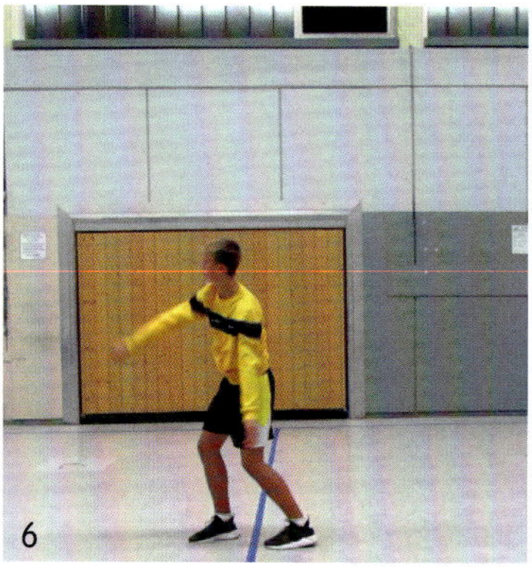


1 Der Spieler steht in stabiler Schrittstellung. Linkes Bein ist vorne. Der Oberkörper ist leicht aufgedreht. Der Faustball liegt sicher auf den Fingerkuppen und dem Handteller der linken Hand.

2 Die Höhe des Ballwurfs sollte in etwa die anderthalb bis zweifache Körpergröße betragen. Die linke Hand folgt dem Ball und leitet eine Streckung Richtung Ball ein. Die Ausholbewegung mit dem rechten Schlagarm wird bereits eingeleitet.

3 Die Ausholbewegung des Schlagarms wird nach hinten eingeleitet. Eine Bogenspannung und Körperverwringung werden aufgebaut. Für einen weiteren Impuls aus dem rechten Bein wird das Knie seitlich angehoben.

4 Sukzessive wird die Gelenkkette von unten nach oben beschleunigt und abgestoppt, um den Impuls bis in die rechte Faust zu übertragen. Der Schlagarm schnellt durch die Beschleunigung nach vorne-oben.

5 Der Balltreffpunkt erfolgt über Kopf am höchst möglichen Punkt bei gestrecktem Körper. Der Spieler steht auf den Zehenspitzen. Die Faust ist geschlossen.

6 Der Spieler bleibt möglichst aufrecht im Oberkörper und schaut dem geschlagenen Ball hinterher. Durch einen Ausfallschritt des rechten Beines wird die Bewegung abgefangen. Dabei darf der rechte Fuß den Boden erst berühren, wenn die Faust den Ball berührt.

## 3 Kastenball

**Material:** Faustbälle, kleine Kästen

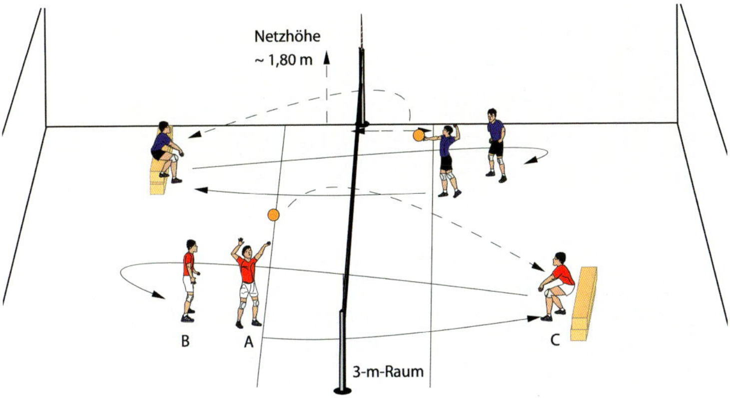


Das Volleyball-Quernetz wird gespannt und es werden Dreier-Gruppen gebildet, die sich versetzt aufstellen. Partner A und B stehen an der 3-m-Linie bereit, C sitzt auf einem kleinen Turnkasten. A schlägt eine Angabe und versucht, den Ball so zu schlagen, dass C ihn im Sitzen fangen kann. A läuft seiner Angabe nach und setzt sich auf den Kasten, C nimmt den Ball auf die Angabenseite mit und stellt sich hinter B an. Dann schlägt B die Angabe.

- Je nach Niveau kann die Entfernung zwischen Netz und Kasten variiert werden (Vorschlag: zwischen 5 m und 13 m).
- Die Netz- bzw. Leinenhöhe sollte der jeweiligen Gruppe angepasst werden. Bei kleineren Schülern ist eine Höhe von ca. 1,60 m zu empfehlen. Bei größeren kann die Leine auch auf 1,90 m–2,00 m gespannt sein.

Variante

- Der Ball darf vor dem Fangen einmal auf dem Boden aufkommen (Level 1).
- Die Angabe wird mit dem schwachen Arm geschlagen (Level 3).
- Der Schüler auf dem Kasten versucht den Ball im Sitzen mit dem Unterarm anzunehmen und dann direkt zu fangen (Level 3).

## 4 Torballspiel

**Material:** Faustbälle, Hütchen, Slalomstangen

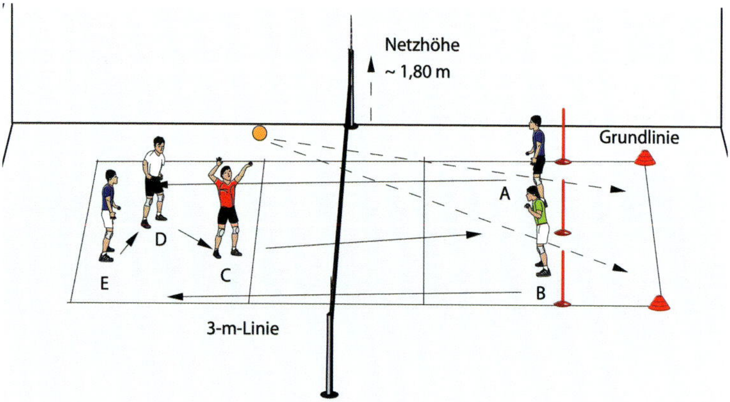


Die Klasse wird in Fünfergruppen aufgeteilt, das Netz hängt auf ca. 1,80 m. Drei Slalomstangen bilden zwei Tore, die von A und B „bewacht“ werden. Auf der gegenüberliegenden Feldhälfte stehen C, D und E mit jeweils einem Ball. C schlägt die erste Angabe und versucht den Ball so zu schlagen, dass er die Torlinie von A oder B überquert und noch vor der Grundlinie zum ersten Mal auf dem Boden aufkommt. Gelingt C ein Treffer bei A, darf C sein Tor übernehmen und A stellt sich für die Angabe an.

Jeder Schlag, der mit korrekter Annahmetechnik abgewehrt wird und vom Partner nach einmaligem Aufspringen gefangen werden kann, zählt als Punkt für die Torwächter. Erfolgt die Abwehr nicht regelkonform (z. B. mit Fuß oder Körper), gilt der Schlag als Torerfolg und die Positionen werden gewechselt.

Hinweis

- Der Lehrer oder inaktive Schüler fungieren als Torrichter. Wenn alle Schüler an der Stunde teilnehmen, zählen die Schüler ihre Punkte selbst.

- Sollen Torerfolge erschwert werden, wird die Distanz zu den Toren vergrößert und die Abstände der Stangen verkleinert. Sollen sie erleichtert werden, andersherum.
- Die Netzhöhe sollte dem Niveau und Körpergröße der Gruppe angepasst sein, sodass technisch korrekte Angaben möglich sind.
- Nach fünf Minuten ertönt ein Pfiff und der Spieler mit den meisten Punkten gewinnt. Er steigt im Modus des Kaiserspiels auf, der mit den wenigsten Punkten steigt ab.

- Der Ball darf gefangen werden, muss dann aber direkt angeworfen werden und auf die gegenüberliegende Seite mit dem Unterarm gespielt werden (Level 1).
- Der Ball wird mit dem Unterarm angenommen und muss nach höchstens einem Bodenkontakt gefangen und auf die andere Seite geworfen werden (Level 2).

## 5 Faustball-Biathlon

**Material:** Faustbälle, Hütchen, Pylonen, Weichbodenmatten, Turnbänke, Würfel, Tafelkreide

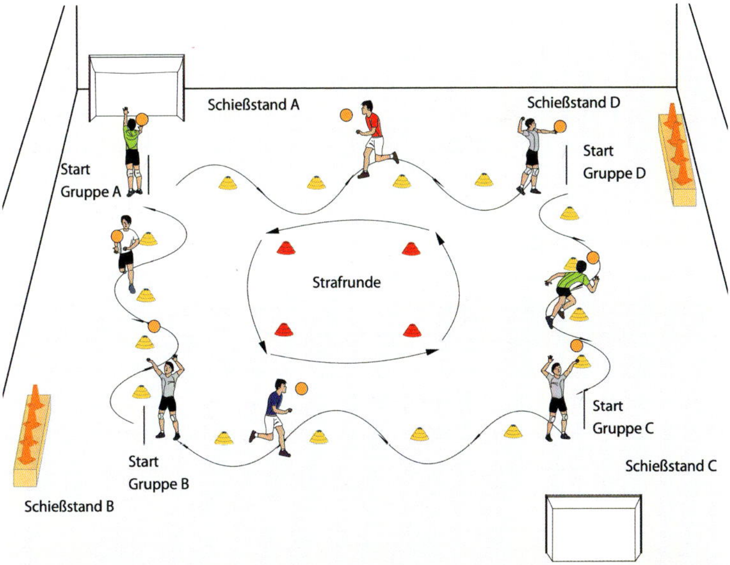


Aufgabe aller Schüler beim „Faustball-Biathlon“ ist es, einen Parcours zu durchlaufen, in dem sie verschiedene faustballspezifische Bewegungsaufgaben gestellt bekommen. Teil des Parcours sind eine Slalomstrecke, vier „Schießstände“ und eine Strafrunde. Pro Runde wird bei einem Schießstand geschossen. Vor Beginn des Spiels verteilen sich die Schüler mit je einem Ball gleichmäßig auf die Startpunkte. Beim „Faustball-Biathlon“ geht es darum, die Runden möglichst schnell hinter sich zu bringen und dabei auch präzise die Ziele an den Schießständen zu treffen.

Wird ein Ziel verfehlt, muss eine Strafrunde gelaufen werden, in der der Faustball während des Laufens auf dem Unterarm jongliert wird. Die große Runde ist als Slalomstrecke gestaltet. Die Slalomstrecke wird durchlaufen und der Ball währenddessen mit der Faust geprellt. An den Schießständen A und C liegen Würfel aus. Der Lehrer zeichnet mit Kreide sechs gleich große Abschnitte auf einer Weichbodenmatte ein (in der Grafik durch Tore dargestellt) und nummeriert sie von 1 bis 6 durch. Der Schüler würfelt und der entsprechende Abschnitt muss per Angabe getroffen werden. Die Schießstände B und D bestehen aus einer Turnbank, auf der vier Pylonen stehen. Fällt eine Pylone durch eine Angabe um, muss keine Strafrunde gelaufen werden.

**Hinweis**

- Falls zu wenige Bälle vorhanden sind, können Paare teilnehmen (Wechsel nach zwei Runden).
- Faustball-Biathlon kann auch mit vier Kleingruppen gespielt werden (weniger Belastung).
- Schüler, die nicht an der Stunde teilnehmen, dienen als Rundenzähler und Hütchenaufsteller.
- Gewinner ist, wer als erstes eine bestimmte Anzahl Runden absolviert hat (z. B. zehn).

**Variante**

- In der Strafrunde werden die Bälle angeworfen und wieder gefangen. Durch die Slalomstrecke wird der Ball wie im Basketball auf dem Boden geprellt (Level 1).
- Auf der Matte werden nur drei Sektoren (A, B und C) eingezeichnet. Wird 1 oder 4 gewürfelt, muss Abschnitt A getroffen werden, bei 2 und 5 Abschnitt B, bei 3 und 6 C (Level 1).
- Die Entfernung zu den Zielen beträgt mehr als 5 m (Level 2), 8 m (Level 3).

## 6 Reflexions-Block

Die Reflexion sollte am Ende der Unterrichtsstunde stattfinden. Um ein besseres Verständnis davon zu vermitteln, welche Aspekte des taktischen Spielverständnisses in der Stunde herausgearbeitet werden sollen, sind die Reflexionsfragen und die jeweiligen Antworten bereits hier aufgeführt. Durch offene Fragestellungen sollen die Inhalte der Spiele und Übungen rekapituliert werden.

1. Mit welcher Angabentechnik haben wir die meisten Optionen?

   *Mit dem Überkopfschlag.*

2. Wie funktioniert ein Überkopfschlag?

   *Wir werfen uns den Ball etwa auf doppelte Körpergröße und nutzen unseren ganzen Körper, um Schwung zu holen. Den Ball treffen wir in voller Körperstreckung.*

3. Wohin serviert man am besten beim „Torballspiel“, um einen Punkt zu erzielen?

   *Nah an die Grundlinie oder Richtung Füße der Torwächter, um ein Abwehren des Balles möglichst schwer zu machen.*

## 3.4 Unterrichtsstunde 4: Vom Sprungwurf zum Spielschlag

### *3.4.1 Übersicht über die vierte Stunde*

| | **Inhalte** |
|---|---|
| 1 | Technikleitbild zum Spielschlag |
| 2 | Technikeinführung Spielschlag |
| 3 | Zwei mit Zwei im Reifen |
| 4 | Gefühl und Power |
| 5 | Vier gegen Vier |
| 6 | Reflexions-Block |

Materia
Checklis

- Faustbälle
- Tennisbälle
- Hütchen
- Quernetz
- Reifen
- Große Kästen
- Slalomstangen

Die vierte Unterrichtsstunde soll die Basistechnik des Spielschlags vermitteln und die Spieltaktik im Kontext des Spielschlags schulen. Basistechnik und Spieltaktik des Spielschlags sollen von den Schülern spielerisch und induktiv erlernt werden und zu Ende der Stunde in einem Reflexions-Block durch den Lehrer oder Übungsleiter rekapituliert werden.

Es ist hilfreich, sich bereits vor Stundenbeginn mit den Lernzielen auseinanderzusetzen, um den Aufbau der Unterrichtsstunde besser zu verstehen und um Hinweise und Korrekturen bereits während der Unterrichtsstunde geben zu können.

Für die vierte Stunde ergeben sich folgende Lernziele, die am Ende der Unterrichtsstunde im Reflexions-Block wieder aufgegriffen werden:

1. Die Schüler und Sportler sollen lernen, dass der zweite Ballkontakt – das Zuspiel – in ausreichender Höhe in Leinennähe gespielt werden muss, um einen Spielschlag zu ermöglichen.

2. Die Schüler und Sportler sollen lernen, dass ein dynamischer Anlauf wichtig ist, um die Dynamik in den Spielschlag zu übertragen. Hierfür müssen insbesondere die letzten drei Schritte zur Beschleunigung genutzt werden.

3. Die Schüler und Sportler sollen lernen, dass sie mithilfe eines Sprungs die Dynamik aus ihrem Anlauf in den Spielschlag übertragen können und somit härter schlagen können. Zudem erlaubt der höhere Abschlagpunkt mehr Optionen im Spielschlag.

4. Die Schüler und Sportler sollen lernen, dass es im Spiel sinnvoll ist, den Ball möglichst nah an die Grund- und Seitenlinien zu schlagen, um den Abwehrspielern eine kontrollierte Annahme zu erschweren. Sie sollen auch erkennen, dass es Spielsituationen gibt, in denen ein gefühlvolles „Ablegen“ des Balles im gegnerischen Spielfeld große Erfolgschancen verspricht.

5. Die Schüler und Sportler sollen lernen, dass es Spielsituationen gibt, in denen eine Regulierung der Schlaghärte und des Schlagwinkels sinnvoll ist, um Fehler zu vermeiden und somit die Chance zu wahren, einen Punkt in dem Ballwechsel zu erzielen.

## 1 Technikleitbild Spielschlag

Der Spielschlag stellt eine der schwierigeren Techniken im Faustball dar. Das Timing und der richtige Abstand zum Ball sind insbesondere für Anfänger schwierig umzusetzen. Hilfreich zum Erlernen des Bewegungsablaufes kann das folgende Technikleitbild sein. In der Fotosequenz sind die letzten drei Schritte des Anlaufes zu sehen (3er-Rhythmus). Der gesamte Anlauf kann häufig länger sein, die wichtigsten Schritte sind aber die letzten drei.

Technikerklärung für Rechtshänder:

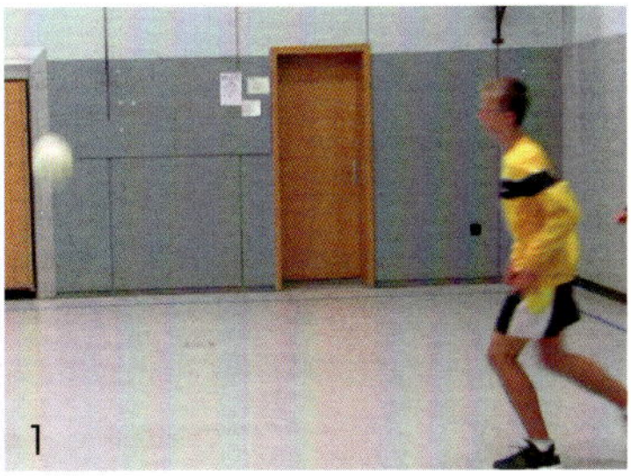


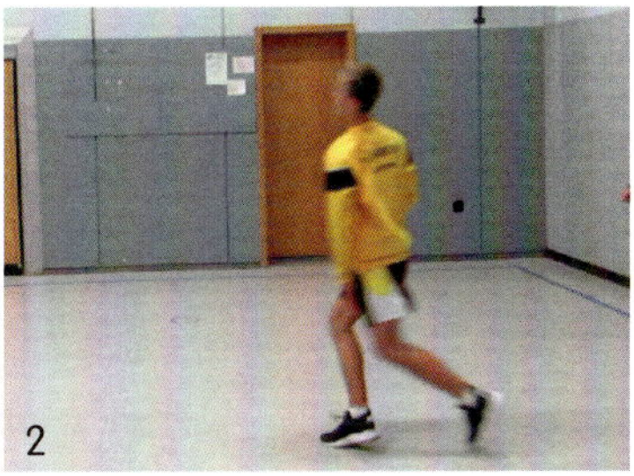

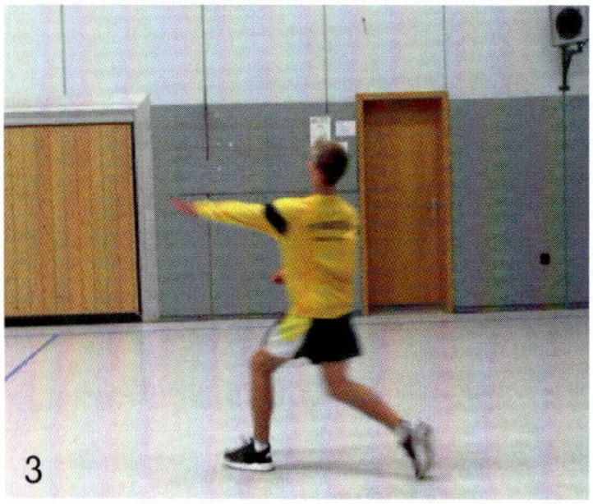


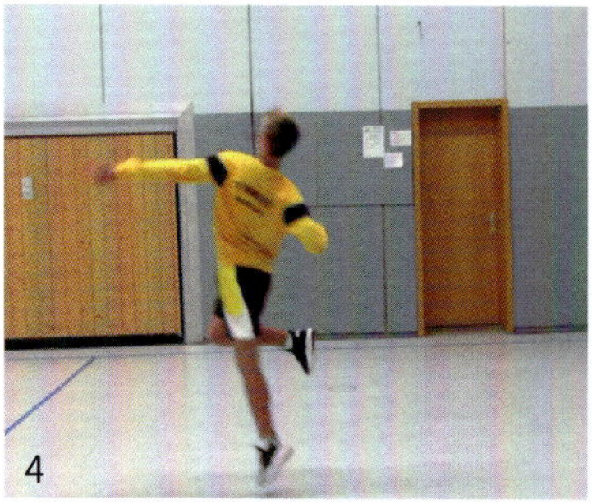


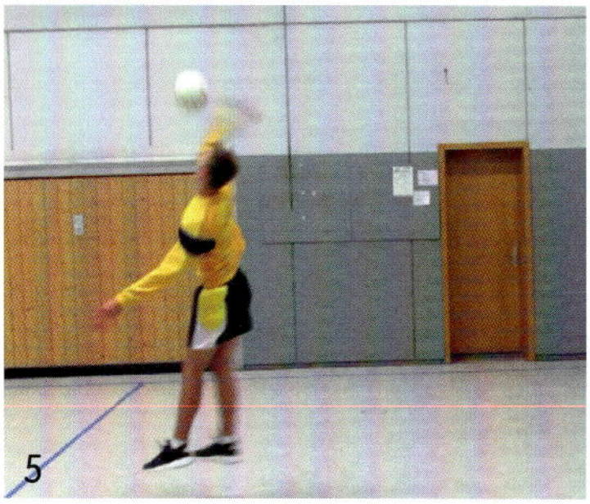


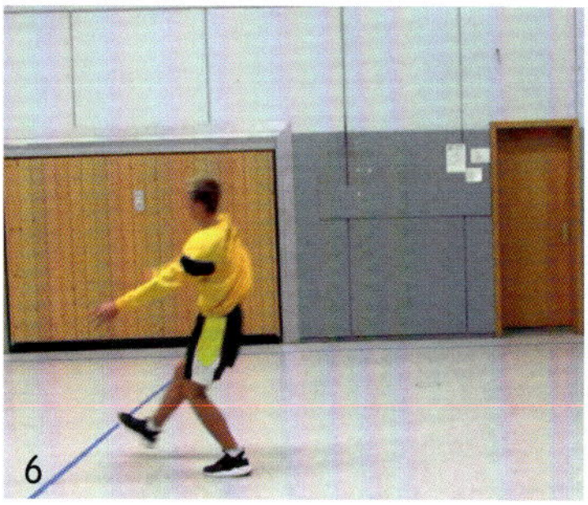


1 Der Blick ist auf den Ball gerichtet. Mit dem linken Bein erfolgt ein Orientierungsschritt. Der Spieler befindet sich leicht links hinter dem Ball.

2 Durch den Impulsschritt mit dem rechten Bein, wird Geschwindigkeit aufgenommen. Die Hüfte wird leicht aufgedreht, um die Körperverwringung einzuleiten.

3 Mit dem linken Bein erfolgt ein impulsiver Absprung nach vorne oben. Der Oberkörper wird weiter aufgedreht. Der Schlagarm befindet sich bereits in der Ausgangslage zur Ausholbewegung.

4 Der Körper ist verwrungen und eine Bogenspannung aufgebaut. Der Spieler befindet sich im Sprung. Sukzessive wird die Gelenkkette von unten nach oben beschleunigt und abgestoppt, um den Impuls bis in die rechte Faust zu übertragen. Der Schlagarm schnellt durch die Beschleunigung nach vorne-oben.

5 Der Balltreffpunkt erfolgt über Kopf am höchst möglichen Punkt bei gestrecktem Arm und Körper. Die Faust ist geschlossen.

6 Der Spieler bleibt möglichst aufrecht im Oberkörper und schaut dem geschlagenen Ball hinterher. Durch einen Ausfallschritt des rechten Beines wird die Bewegung abgefangen.

## 2 Technikeinführung Spielschlag

**Material:** Faustbälle, Tennisbälle, Quernetz, Reifen, große Kästen

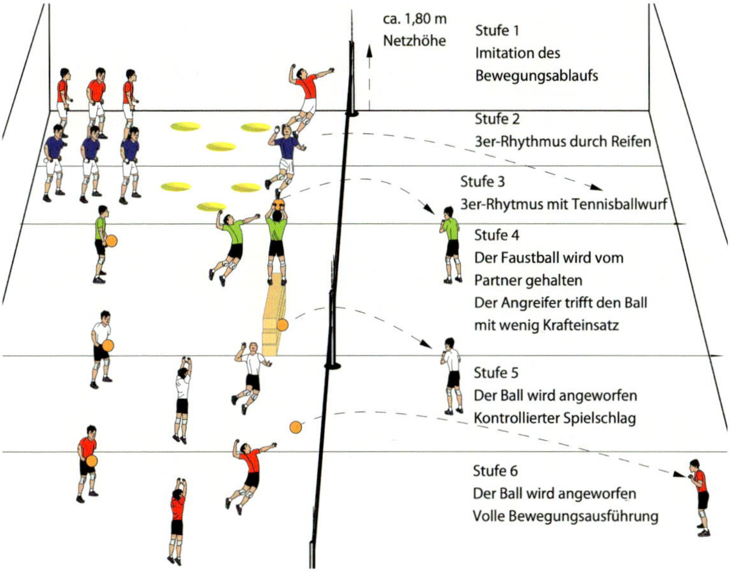


- Das Quernetz ist auf ca. 1,80 m gespannt und es werden Vierergruppen gebildet.
- Die Übung wird über insgesamt sechs Stufen weiterentwickelt.
- Hinter dem Feld jeder Vierergruppe liegen Reifen, Bälle und Kästen bereit.

*Die sechs Technikstufen (jeweils für Rechtshänder erklärt)*

1. Die Schüler imitieren den Bewegungsablauf, indem sie kreuz und quer durch die Halle laufen. Die Betonung soll auf den letzten drei Schritten (links, rechts, links) liegen. Auch die Schlagbewegung über Kopf soll bereits imitiert werden. Hier ist darauf zu achten, dass der Arm einen langen Beschleunigungsweg hinter dem Körper erfährt (ähnlich einem Schlagballwurf) und eine Körperstreckung an dem Punkt zu erkennen ist, an dem der Ball getroffen werden würde (ohne Abbildung).

2. Turnreifen werden in kleinem Abstand zueinander in der Halle ausgelegt, um den 3er-Rhythmus zu vertiefen. Die Reifen werden angelaufen und die Schritte in den Reifen gesetzt.

3. Die Grundform von Stufe 2 bleibt bestehen. Zusätzlich werfen die Schüler aber nun einen Tennisball gegen die Wand bzw. den Vorhang und nehmen den Ball im Anschluss wieder auf.

4. Ein Schüler steht auf einem Kastenteil und hält den Faustball einhändig, sodass er nur leicht auf den Fingerkuppen aufliegt (in der Grafik nicht adäquat dargestellt). Zwei Angreifer stehen in einem Abstand von etwa fünf Metern leicht links versetzt hinter dem Ballhalter. Ein weiterer Schüler steht in der anderen Feldhälfte. Er fängt den geschlagenen Ball und reiht sich dann hinter dem zweiten Angreifer ein. Der Angreifer tauscht nach seinem Spielschlag die Spielfeldhälfte und fungiert als Fänger. Der Spielschlag soll durch den 3er-Rhythmus eingeleitet und der Ball dann kontrolliert aus der Hand geschlagen werden. Nach drei Durchgängen wechselt der Ballhalter.

5. Die Schüler bleiben in den Vierergruppen und stellen sich erneut so auf, dass es zwei Angreifer und einen Fänger gibt. Der Ballhalter aus Stufe 4 wird jetzt zum Anwerfer. Seine Aufgabe ist es, den Ball so (von unten, nicht grafisch darstellbar) zu werfen, dass er nach einmaligem Aufspringen, in Netznähe und in ausreichender Höhe, schlagfähig ist. Erneut ist die Bewegungsaufgabe ein kontrollierter Sprungschlag.

6. Der Übungsaufbau ist identisch zu Stufe 5. Einzig der Fänger stellt sich ein paar Meter weiter vom Netz entfernt auf. Jetzt dürfen die Schüler einen Spielschlag mit voller Bewegungsausführung ausüben.

## 3 Zwei mit Zwei im Reifen

**Material:** Faustbälle, Hütchen, Quernetz, Reifen

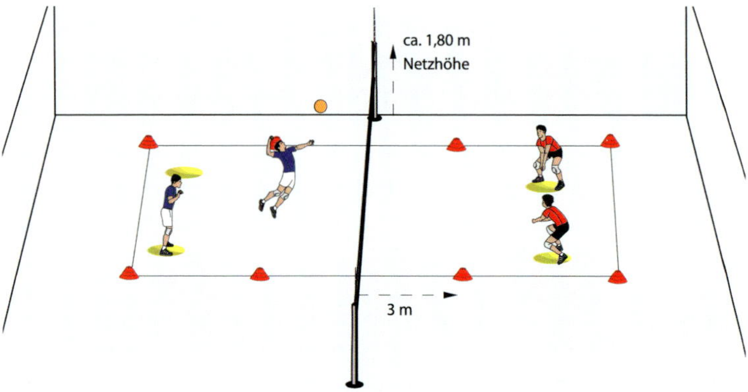

In einem schmalen Spielfeld liegen pro Feldhälfte zwei Reifen, über deren Position die Schüler frei entscheiden können. Die Zweierteams spielen zusammen und haben das Ziel, einen Sprungschlag so in die andere Feldhälfte zu schlagen, dass der Spieler auf der anderen Seite den Ball – im Reifen stehend – annehmen und direkt im Anschluss weiterspielen kann. Die Angabe erfolgt hinter der Grundlinie von unten.

- Pro erfolgreichem Spielzug inklusive Netzüberquerung, erhält das Paar einen Punkt.
- Drei Ballkontakte sind Pflicht.
- Der Spielschlag muss im Sprung über Kopf erfolgen.

- Der Ball wird im Reifen gefangen und dann wieder angeworfen (Level 1).
- Der Ball darf einmal aufspringen, bevor er im Reifen gespielt wird (Level 2).
- Die Schüler müssen den Ball, auf einer kleinen Matte stehend, annehmen (Level 2).
- Der Ball muss direkt angenommen werden (Level 3).
- Ein Punkt zählt nur dann, wenn das Zuspiel direkt erfolgt, der Ball also zwischen Zuspielkontakt und Sprungschlag nicht den Boden berührt (Level 3).

## 4 Gefühl und Power

**Material:** Faustbälle, Hütchen, Quernetz, Slalomstangen

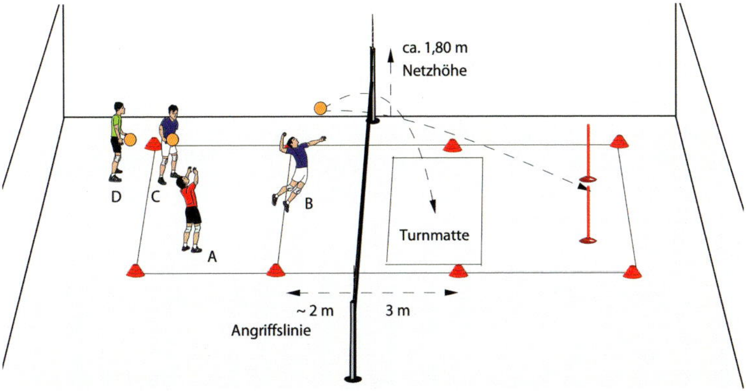


Das Quernetz ist auf 1,80 m gespannt und vier Schüler stehen auf einer Spielfeldhälfte. Ein Tor wird durch zwei Slalomstangen gebildet. A wirft die Bälle für B, C und D an, die sich jeweils einen Faustball nehmen. Springt der Ball von A aus gesehen vor der Angriffslinie (ca. 2 m vom Netz entfernt, durch Hütchen oder Linien markiert), ist es die Aufgabe des Angreifers, den Ball mit einem powervollen Sprungschlag durch das Tor zu schießen. Springt der Ball jedoch hinter der Angriffslinie auf, soll ein gefühlvoller Heber (im Faustball „Kurzer" genannt) aus dem Sprungschlag auf eine Turnmatte gespielt werden. A bleibt für sechs Anspiele Anspieler. B nimmt dann seine Position ein. Nach weiteren sechs Anspielen wird C zum Anspieler, dann D.

**Hinweis**

- Die Anspiele müssen hoch genug sein, damit sie im Sprung geschlagen werden können.
- Wenn die Halle durch einen Vorhang getrennt ist, sollten die Angriffe gegen den Vorhang erfolgen, damit der Ball nicht unkontrolliert von der Wand abprallt (Verletzungsgefahr).

**Variante**

- Eingeleitet durch einen Drei-Schritt-Rhythmus werden die Bälle mit einem Sprungwurf auf die jeweiligen Ziele geworfen (Level 1).
- Die Bälle werden nicht angeworfen, sondern in Schlaghöhe gehalten. Hierfür steht ein Schüler auf einem Turnkasten und hält den Ball so, dass die anderen den Ball mithilfe des Drei-Schritt-Rhythmus aus der Hand spielen können (Level 2).
- Es liegen zwei kleine Turnmatten aus und drei Slalomstangen bilden zwei Tore. Während der Ball für das Zuspiel in der Luft ist, sagt der Schüler, der hinter dem Spielschläger steht, welcher der vier Zielpunkte angespielt werden soll (Level 3).

## 5 Vier gegen Vier

**Material:** Faustbälle, Hütchen, Quernetz

Abschluss unserer Unterrichtssequenz zum Faustball ist ein Turnier, in dem alle Grundtechniken, die in den letzten Stunden erlernt wurden, angewendet werden. Das 4 vs. 4 kommt unserem Zielspiel schon sehr nahe und stellt ähnliche Anforderungen an die Sportler wie das 5 vs. 5.

Vier Spieler stehen sich in einem Spielfeld gegenüber, das ca. 14 m x 5 m misst. Die Leine bzw. das Netz spannen wir auf einer Höhe von etwa 1,80 m. Das Spiel wird mit der Angabe eröffnet, die hinter der 3-m-Linie erfolgen muss. Pro Spielzug hat jedes Team drei Ballkontakte zur Verfügung, mit denen es versucht, den Ball abzuwehren, zuzuspielen und anzugreifen. Überkopfschläge sind erlaubt. Weil Punkte aus der Angabe auf dem kleinen Feld relativ schwer zu erzielen sind, hat diejenige Mannschaft Aufschlag, die den letzten Punkt erzielt hat.

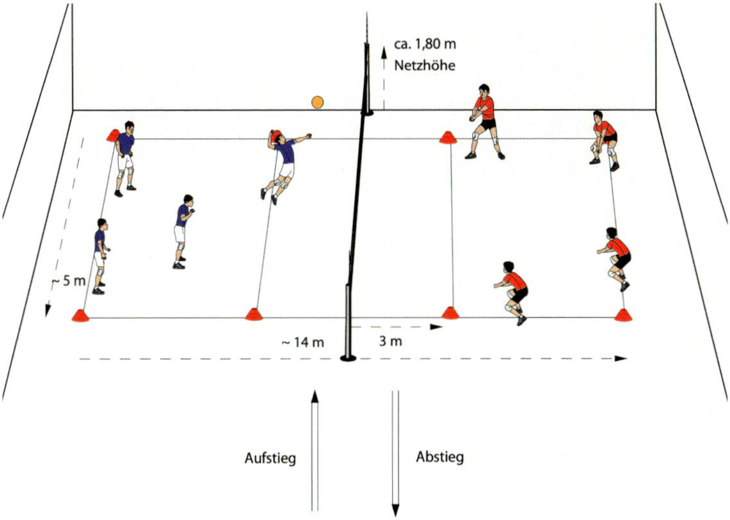


- Als Fehler gilt, wenn der Faustball beidarmig gespielt wird, der Ball ins Aus springt, Körper oder Ball Netz bzw. Leine berühren oder wenn der Ball zwei Mal nacheinander auf dem Boden springt.
- Damit alle Spieler auf jeder Position zum Zug kommen, wird wie im Volleyball rotiert. D. h., wenn eine Mannschaft das Aufschlagsrecht durch einen Fehler verliert, rotiert die gegnerische Mannschaft eine Position im Uhrzeigersinn.

- Der Ball darf zwischengefangen werden (Level 1).
- Doppelkontakte sind erlaubt (Level 2).

## 6 Reflexions-Block

Die Reflexion sollte am Ende der Unterrichtsstunde stattfinden. Um ein besseres Verständnis davon zu vermitteln, welche Aspekte des taktischen Spielverständnisses in der Stunde herausgearbeitet werden sollen, sind die Reflexionsfragen und die jeweiligen Antworten bereits hier aufgeführt. Durch offene Fragestellungen sollen die Inhalte der Spiele und Übungen rekapituliert werden.

1. Was versucht man durch den zweiten Ballkontakt vorzubereiten?

   *Den Spielschlag.*

2. Wohin sollte der zweite Kontakt, das Zuspiel, gespielt werden?

   *In unmittelbare Leinennähe und hoch genug, damit der Angreifer einen Spielschlag ausführen kann.*

3. Was muss beim Spielschlag beachtet werden?

   *Wir orientieren uns hinter den Ball und nehmen mit den letzten drei Schritten Geschwindigkeit auf. Wir springen einbeinig nach vorne-oben ab und holen aus dem ganzen Körper Schwung. Den Ball treffen wir über Kopf am höchstmöglichen Punkt.*

4. Wie müssen wir den Ball schlagen, um einen Punkt zu erzielen?

   *Hart an die Seitenlinien oder mit Gefühl in die Lücken der gegnerischen Defensive.*

5. Wann sollten wir nicht versuchen mit voller Kraft zu schlagen?

   *Wenn das Zuspiel zu flach, über der Leine oder weit von der Leine entfernt ist. Dann macht ein sicherer, gefühlvoller Schlag mehr Sinn.*

## 3.5 Notengebung im Rahmen der Unterrichtseinheit

Zur Notengebung gibt es zahlreiche Ansätze und jeder Lehrer muss für sich und seine Gruppe entscheiden, welche Art der Bewertung die passende ist. Dieses Kapitel stellt zwei dieser Ansätze vor, die sich für die Notengebung der Unterrichtseinheit „Faustball“ eignen. Die Entscheidung, ob ein bestimmter Ansatz als adäquat erachtet wird oder ob unter Umständen eine Mischung aus den verschiedenen Herangehensweisen von Vorteil ist, liegt beim Lehrer.

Die angefügten Bewertungsbogen müssen aber nicht zwangsläufig zur Benotung verwendet werden, sie können auch als pädagogisches Mittel zur Verbesserung der technischen und taktischen Fertig- und Fähigkeiten dienen.

Die Ansätze, die in diesem Kapitel präsentiert werden, sind die der sozialen Kompetenz und der körperlich-sportlichen Leistungsfähigkeit. Während soziale Kompetenzen durch den Lehrer bewertet werden sollten, lässt sich die körperlich-sportliche Leistungsfähigkeit auch als Selbstbeurteilung oder Fremdbeurteilung durch Mitschüler durchführen. Eine weitere Alternative die körperlich-sportliche Leistungsfähigkeit zu bewerten ist es, den individuellen Leistungszuwachs eines Schülers in Betracht zu ziehen.

Falls sich ein Lehrer dazu entscheidet, eine Note für die Unterrichtseinheit zu vergeben, kann er im Laufe der Unterrichtsstunden die ausgewählten Kriterien beurteilen oder eine weitere Stunde einplanen, um Noten zu vergeben. Welche Spiel- und Übungsformen sich für die entsprechenden Noten eignen, wird erläutert. Es ist empfehlenswert die Schüler über die Art und Weise der Notengebung zu informieren, um Transparenz zu gewährleisten.

### *3.5.1 Benotung der körperlich-sportlichen Leistungsfähigkeit*

Der klassische Ansatz, der bis heute in der Notengebung der Schule fest verankert ist, ist der Ansatz die sportlichen Fähigkeiten oder Fertigkeiten nach festgelegten Kriterien zu bewerten. Bei manchen Sportarten wie der Leichtathletik oder dem Schwimmen, lassen sich die erzielten Leistungen durch Tabellen recht einfach in Noten darstellen. Für viele andere Sportarten gestaltet sich das jedoch sehr viel schwieriger. Will man in Spielsportarten wie Faustball die Leistung eines Schülers bewerten, empfiehlt sich die Bewertung bestimmter Grundtechniken oder taktischen Spielverständnisses. Beide können durch Bewertungsbogen quantifizierbar und somit auch für die Schüler transparent gemacht werden. Mithilfe der Bewertung sollen die Schüler erkennen, dass die Verbesserung ihrer Leistung von Anstrengungsbereitschaft, Üben und Training abhängig ist.

### *3.5.1.1 Die Techniknote*

Alle Technikbeschreibungen beziehen sich auf Rechtshänder. Die Techniknote sollte als Fremdbeurteilung durch den Lehrer oder Mitschüler erfolgen. Die Beurteilung der Mitschüler kann in die Endnote mit einfließen. Die Bewertungsbogen können auch schon im Laufe der Unterrichtseinheit an die Schüler verteilt werden, damit sie die Grundtechniken anhand der Leitbilder üben können.

**Benotu**
**der Tec**

Wenn eine Techniknote gegeben wird, hat der Lehrer einige Auswahlmöglichkeiten die Note zu erfassen. Dem Lehrer steht offen, ob er alle vier Grundtechniken abprüfen will oder nur eine Auswahl treffen möchte. Auch denkbar ist es, den Schülern zu überlassen, welche Techniken sie am besten ausführen können und sie sich in ihrer „Paradedisziplin" prüfen lassen wollen.

Fehlt die Zeit, um eine weitere Stunde für das Geben der Techniknoten einzuplanen, bieten sich folgende Spiele zur Bewertung: „Kaiser-Zielspiel", „Schiffe treffen", „Kastenball" und „Zwei mit Zwei im Reifen".

Die erforderlichen Knotenpunkte der Grundtechniken sind im Bewertungsbogen ausführlich beschrieben. Je nach Leistungsniveau können einzelne Punkte ausgelassen oder die Gewichtung der Punkte geändert werden. Tendenziell steigt die Komplexität der Bewegungsausführung von Abwehr zu Spielschlag. Ebenfalls vom Niveau abhängig ist, welche Punktzahl welcher Note entspricht.

Zur genauen Analyse der Bewegung empfehlen sich Videoaufnahmen als Hilfsmittel. Dann ist auch eine Selbstreflexion in den Übungsphasen möglich.

| Die Annahmetechnik | | |
|---|---|---|
| **Phase 1** | 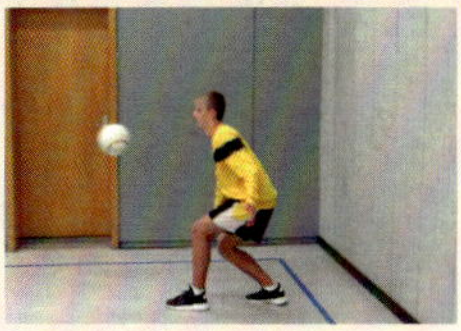 | |
| • Schnelle und sichere Bewegung zum Ball | max. 2 Punkte | |
| • Gegengleiche Schrittstellung | max. 2 Punkte | |
| • Spielarm gestreckt vorm Körper | max. 2 Punkte | |
| • Fuß-, Knie-, Hüftgelenk gebeugt | max. 2 Punkte | |
| **Phase 2** | 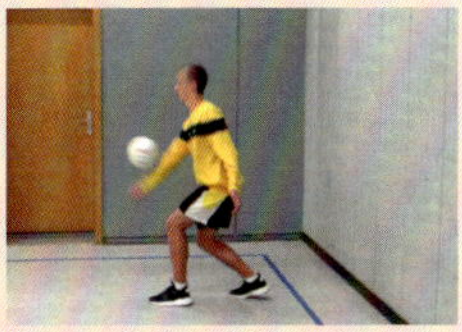 | |
| • Tief-Hoch-Bewegung durch Strecken der Fuß-, Knie-, Hüftgelenke | max. 2 Punkte | |
| • Balltreffpunkt auf Innenseite des Unterarms | max. 2 Punkte | |
| • Arm aufgedreht | max. 1 Punkt | |
| • Oberkörper nach vorne geneigt | max. 1 Punkt | |
| **Phase 3 und 4** | 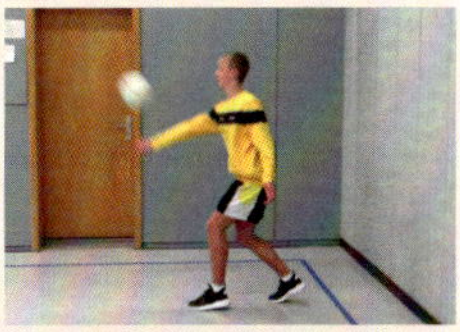 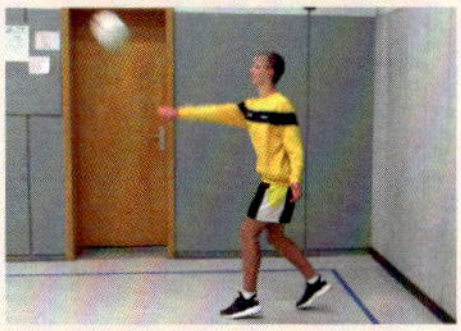 | |
| • Fortführung der Tief-Hoch-Bewegung | max. 1 Punkt | |
| • Der Spielarm schwingt nicht höher als Schulterhöhe aus | max. 1 Punkt | |
| **Gesamtpunktzahl** | max. 16 Punkte | |

| Die Zuspieltechnik | | |
|---|---|---|
| **Phase 1** | 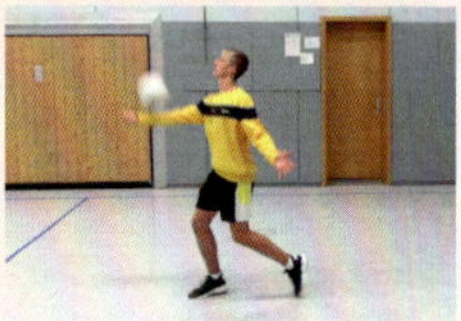 | |
| • Schnelle und sichere Bewegung zum Ball | max. 2 Punkte | ☐ |
| • Schrittstellung mit gleichem Bein wie Spielarm vorne | max. 2 Punkte | ☐ |
| • Spielarm gestreckt vorm Körper | max. 2 Punkte | ☐ |
| • Fuß-, Knie-, Hüftgelenk gebeugt | max. 2 Punkte | ☐ |
| **Phase 2** | 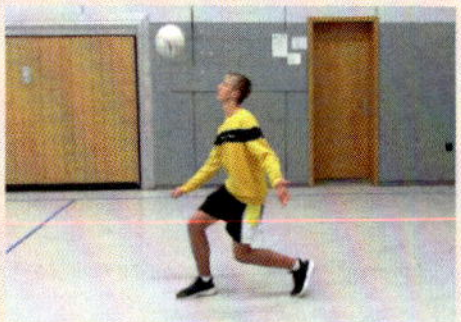 | |
| • Tief-Hoch-Bewegung durch Strecken der Fuß-, Knie-, Hüftgelenke | max. 2 Punkte | ☐ |
| • Balltreffpunkt auf Innenseite des Unterarms | max. 2 Punkte | ☐ |
| • Arm aufgedreht | max. 1 Punkt | ☐ |
| **Phase 3 und 4** | 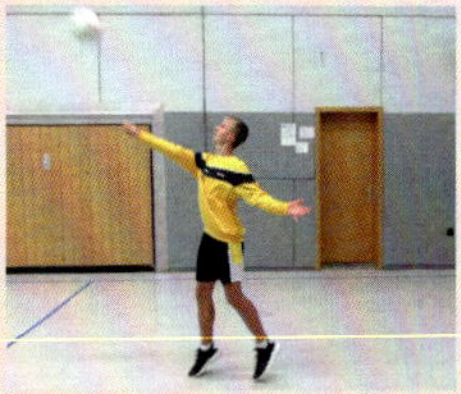 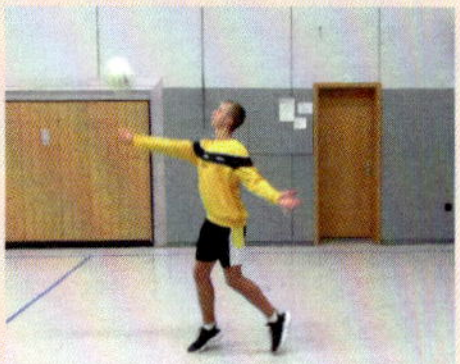 | |
| • Fortführung der Tief-Hoch-Bewegung | max. 1 Punkt | ☐ |
| • Der Spielarm schwingt kontrolliert aus | max. 1 Punkt | ☐ |
| **Gesamtpunktzahl** | max. 15 Punkte | ☐ |

| Die Angabentechnik | | |
|---|---|---|
| **Phase 1** | 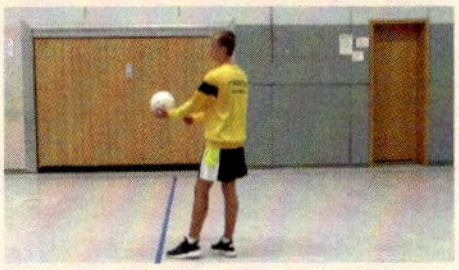 | |
| • Stabile Schrittstellung, linkes Bein vorne | max. 1 Punkt | ☐ |
| • Oberkörper leicht aufgedreht | max. 1 Punkt | ☐ |
| **Phase 2** | 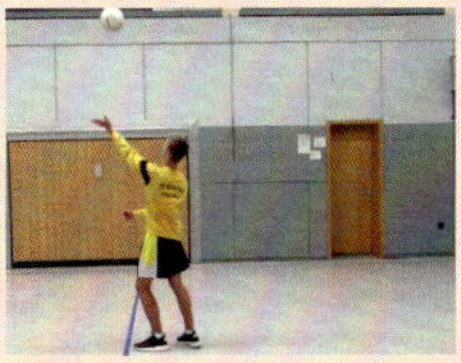 | |
| • Ballwurf anderthalb bis doppelte Körperhöhe | max. 2 Punkte | ☐ |
| • Ballwurf leicht vor den Körper | max. 1 Punkt | ☐ |
| • Einleiten der Schlagbewegung mit rechtem Arm | max. 1 Punkte | ☐ |
| **Phase 3** | 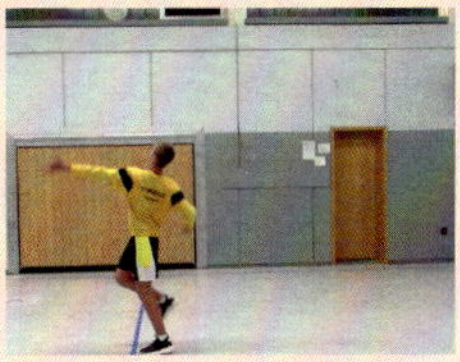 | |
| • Ausholbewegung des Schlagarms nach hinten | max. 2 Punkte | ☐ |
| • Bogenspannung und Körperverwringung aufbauen | max. 2 Punkte | ☐ |
| • Seitlicher Kniehub | max. 1 Punkt | ☐ |
| **Phase 4** | 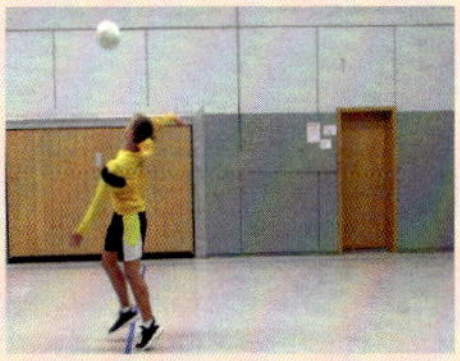 | |
| • Sukzessives Beschleunigen und Abstoppen der Gelenke | max. 2 Punkte | ☐ |
| • Schlagarm nach vorne-oben | max. 1 Punkt | ☐ |

| Die Angabentechnik | | |
|---|---|---|
| **Phase 5** | 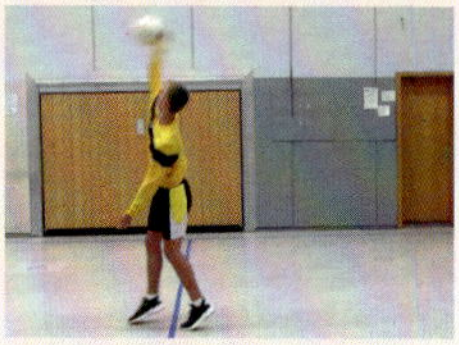 | |
| • Balltreffpunkt am höchstmöglichen Punkt | max. 3 Punkte | ☐ |
| **Phase 6** | 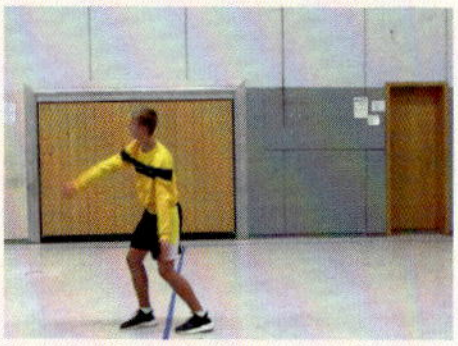 | |
| • Aufrecht im Oberkörper bleiben | max. 1 Punkt | ☐ |
| **Gesamtpunktzahl** | max. 18 Punkte | ☐ |

| Die Spielschlagtechnik | | |
|---|---|---|
| **Phase 1** | 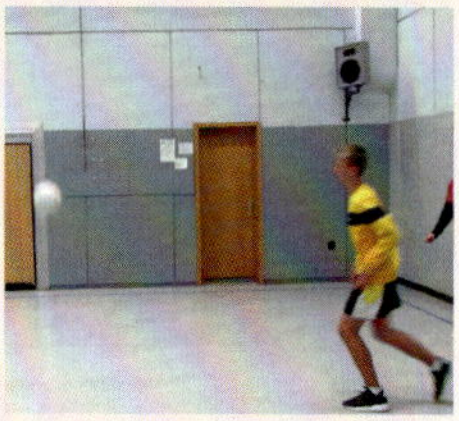 | |
| • Orientierungsschritt mit links | max. 1 Punkt | ☐ |
| • Position leicht links hinter dem Ball | max. 1 Punkt | ☐ |
| **Phase 2** | 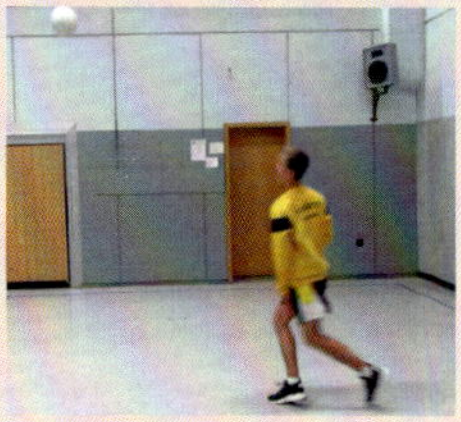 | |
| • Geschwindigkeitsaufnahme durch Impulsschritt (rechts) | max. 1 Punkt | ☐ |
| • Hüfte leicht aufgedreht | max. 1 Punkt | ☐ |

| Die Spielschlagtechnik | | |
|---|---|---|
| **Phase 3** | 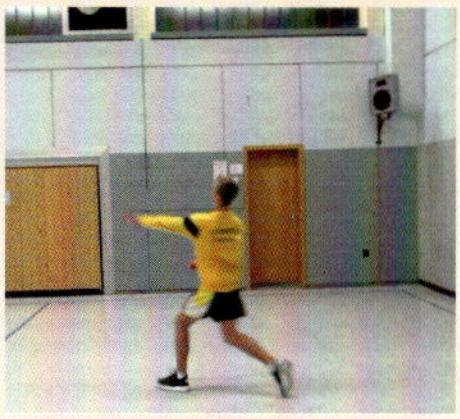 | |
| • Impulsiver Absprung nach vorne-oben | max. 2 Punkte | ☐ |
| • Schlagarm leitet Ausholbewegung ein | max. 1 Punkt | ☐ |
| **Phase 4** | 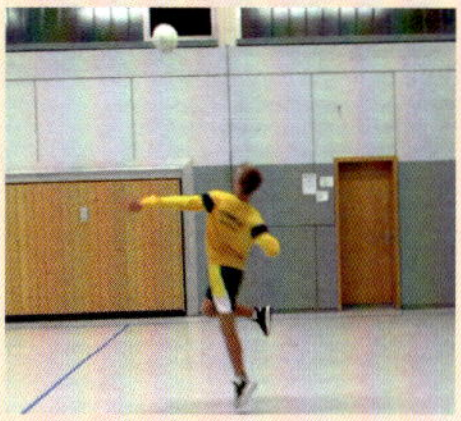 | |
| • Bogenspannung und Körperverwringung aufbauen | max. 2 Punkte | ☐ |
| • Sukzessives Beschleunigen und Abstoppen der Gelenke | max. 2 Punkte | ☐ |
| • Schlagarm nach vorne-oben | max. 1 Punkt | ☐ |
| **Phase 5** | 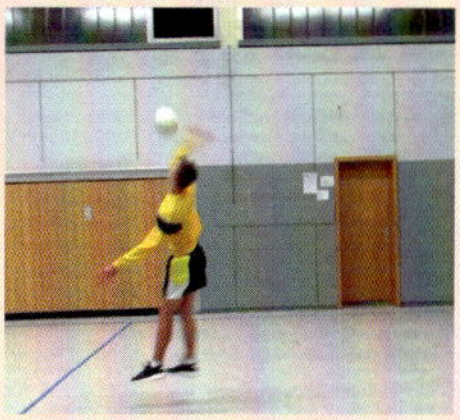 | |
| • Balltreffpunkt am höchst möglichen Punkt bei kompletter Körperstreckung | max. 3 Punkte | ☐ |
| **Phase 6** | 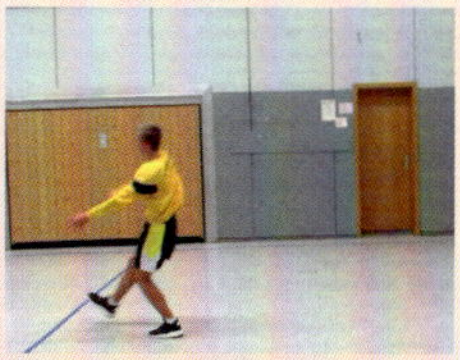 | |
| • Bewegung durch Ausfallschritt abfangen | max. 1 Punkt | ☐ |
| **Gesamtpunktzahl** | max. 16 Punkte | ☐ |

#### *3.5.1.2 Die Spielnote*

Mithilfe der Spiel- und Übungsformen sowie den Reflexionsphasen zum Ende der Unterrichtsstunden soll das taktische Spielverständnis der Schüler geschult werden. Um dieses Spielverständnis messbar und damit zensierbar zu machen, bieten sich Bewertungsbogen an. Diese lassen sowohl eine Selbstbeurteilung als auch eine Fremdbeurteilung durch Mitschüler oder den Lehrer zu.

Fehlt die Zeit, um eine weitere Stunde für das Geben der Spielnoten einzuplanen, bieten sich folgende Spiele zur Bewertung des taktischen Spielverständnisses: „Abwehrbank", „Reifenleger", „Torballspiel" und „Vier gegen Vier".

**Benotu des Spi verstän**

Um das taktische Spielverständnis bewerten zu können, kann folgender Bewertungsbogen verwendet werden. Dieser kann bereits zum Üben ausgeteilt werden und kann auch zur Selbstbeurteilung verwendet werden.

| Beobachtungsbogen für das taktische Spielverständnis | | | | | | |
|---|---|---|---|---|---|---|
| **Name** | **Grundtechnik(en)** | **1** | **2** | **3** | **4** | **x** |
| | | | | | | |
| Der Schüler hat den Ball erfolgreich angenommen und zielgenau weitergespielt | Abwehr | | | | | |
| Der Schüler hat aktiv um den Ball gekämpft | Abwehr, Zuspiel | | | | | |
| Der Schüler hat verbal signalisiert, dass er den Ball spielen wird | Abwehr, Zuspiel, Spielschlag | | | | | |
| Der Schüler kann die Flugbahn des Balles einschätzen und sich entsprechend positionieren | Abwehr, Zuspiel, Spielschlag | | | | | |
| Der Schüler kann den Ball zielgenau in Leinennähe zuspielen und somit einen Angriff vorbereiten | Zuspiel | | | | | |
| Der Schüler führt Überkopfschläge zielgenau und mit geringer Fehlerquote aus | Angabe, Spielschlag | | | | | |
| Der Schüler schlägt den Ball mit (relativ) hoher Geschwindigkeit in das gegnerische Feld | Angabe, Spielschlag | | | | | |
| Der Schüler orientiert sich am Zuspiel und positioniert sich hinter dem Ball, um mit Schwung in den Spielschlag zu springen | Spielschlag | | | | | |
| Der Schüler kann die Position des Zuspiels beurteilen und, wenn erforderlich, das Risiko im Spielschlag regulieren | Spielschlag | | | | | |
| | | | | | | |
| **Gesamtpunktzahl** | | | | | | |
| **Note** | | | | | | |

1 = trifft voll zu, 2 = trifft eher zu, 3 = trifft kaum zu, 4 = trifft nicht zu,
x = nicht zu bewerten

### 3.5.2 Benotung des individuellen Leistungszuwachses

**Benotu des ind Leistun zuwach**

Die Spielnote bietet zusätzlich die Möglichkeit, individuellen Leistungszuwachs zu bewerten. Hier ist es interessant zu sehen, welche Lernfortschritte die Schüler in welchen Bereichen im Beurteilungszeitraum gemacht haben. Die Note, die sich an der individuellen Bezugsnorm orientiert, kann motivationale Vorteile für die Schüler bieten, weil nicht nur die absolute Leistungsfähigkeit betrachtet wird und somit auch schwächere Schüler gute Noten erreichen können. Die Herausforderung bei der Bewertung besteht darin, dass der Lehrer alle Schüler sehr genau beobachten muss. Ist das nicht möglich, kann auch eine Selbstbeurteilung des Leistungszuwachses der Schüler in die Note einbezogen werden.

Für die Beurteilung des individuellen Leistungszuwachses bieten sich die gleichen Spiele an, wie für die Bewertung des taktischen Spielverständnisses.

Inwiefern der individuelle Leistungszuwachs in die Note einbezogen wird, obliegt dem Lehrer. Lässt sich eine leichte Verbesserung der taktischen Komponenten in nur vier Unterrichtseinheiten verzeichnen, lässt sich das bereits als sehr guter Leistungszuwachs verorten. Der Lehrer muss allerdings entscheiden, welche Verbesserung sich in welchem Maße in der Note niederschlagen soll.

| eobachtungsbogen des individuellen Leistungszuwachses | | | | | |
|---|---|---|---|---|---|
| | Grund-technik(en) | Sehr verbes-sert | Leicht verbes-sert | Gleich-geblieben | Ver-schlech-tert |
| | | | | | |
| ich) nimmt den Ball n und spielt ihn eiter | Abwehr | | | | |
| ich) kämpft aktiv | Abwehr, Zuspiel | | | | |
| ich) signalisiert er den Ball spielen | Abwehr, Zuspiel, Spielschlag | | | | |
| ich) schätzt die s Balles ein und ich entsprechend | Abwehr, Zuspiel, Spielschlag | | | | |
| ich) spielt den Ball Leinennähe zu und it einen Angriff vor | Zuspiel | | | | |
| ich) führt Überkopf-jenau und mit lerquote aus | Angabe, Spielschlag | | | | |
| ich) schlägt den Ball oher Geschwindig-egnerische Feld | Angabe, Spielschlag | | | | |
| ich) orientiert sich und positioniert sich all, um mit den Spielschlag zu | Spielschlag | | | | |
| ich) beurteilt die Zuspiels richtig und enn erforderlich – n Spielschlag | Spielschlag | | | | |
| | | | | | |
| **ktzahl** | | | | | |
| | | | | | |

### *3.5.3 Benotung der Sozialen Kompetenz*

Eine Sportnote sollte Schüler ermutigen, motivieren und zum Sporttreiben aktivieren. Zudem bietet die Sportnote die Möglichkeit, sozial erwünschte Umgangsformen zu vermitteln und gute soziale Kompetenzen zu honorieren. Die Note kann dazu beitragen, dass eine Erziehung durch Sport erfolgt. Durch die Bewertung von sozialen Kompetenzen können zudem Schüler profitieren, die aufgrund von schlechten sportmotorischen Fähig- und Fertigkeiten, nach Leistungskriterien, keine gute Note bekommen könnten.

Die Beurteilung der sozialen Kompetenzen sollte durch den Lehrer erfolgen und auf dem entsprechenden Erziehungsstand der Schüler aufbauen. Mit welcher Gewichtung die soziale Kompetenz in die Sportnote einfließt, liegt im Ermessen des Sportlehrers. Ein Vorschlag wäre, die soziale Kompetenz mit einer Gewichtung von 1:2 in der Note zu berücksichtigen.

Mit folgendem Bogen lässt sich bewerten, wie das Sozialverhalten einzelner Schüler in verschiedenen Handlungszusammenhängen ausgeprägt ist. Die Antwort „trifft voll zu“ entspricht der Note 1, „trifft meist zu“ einer 2, „trifft kaum zu“ einer 3 und „trifft nicht zu“ einer 4.

| Beurteilungskriterien der sozialen Kompetenz | | | | |
|---|---|---|---|---|
| **Name** | **Trifft voll zu** | **Trifft eher zu** | **Trifft kaum zu** | **Trifft nicht zu** |
| | | | | |
| **Teamfähigkeit (x 2)**<br>Kann sich der Schüler in eine Gruppe einfügen oder ist er Einzelspieler in einem Team? Trägt er aktiv zum Erreichen des Gruppenziels bei? Übernimmt er, wenn nötig, Verantwortung in der Gruppe? | | | | |
| **Arbeitshaltung (x 2)**<br>Setzt sich der Schüler bei allen Spiel- und Übungsformen voll ein? Übt er intensiv, wenn selbstständiges Arbeiten verlangt wird? Geht er an seine physische Leistungsgrenze? | | | | |
| **Lernprozess (x 2)**<br>Nimmt der Schüler die Aufgaben oder Rückmeldungen des Lehrers so auf, dass er in allen angebotenen Unterrichtseinheiten einen optimalen Lernfortschritt erzielt? Stellt er sich gedanklich positiv auf die angebotenen Herausforderungen ein? Ist er aufmerksam und fragt bei Unklarheiten nach? Lässt er sich vom Lehrer oder Mitschülern helfen? | | | | |
| **Engagement**<br>Hat der Schüler verlässlich sein Sportzeug dabei? Ist auf ihn Verlass? Ist er pünktlich? Geht er sorgfältig mit dem Sportmaterial um? Hilft er freiwillig beim Aufräumen? | | | | |

pitel

4

# Sammlung von Übungen und Spielen

## 4.1 Kleine Spiele

### 4.1.1 Reboundball

Zwei Mannschaften à mindestens drei Personen spielen gegeneinander. Die Spieler passen sich den Ball zu; mit Ball dürfen sie nicht laufen. Ein Punkt wird erzielt, indem der Ball faustballtechnisch an das Brett des Basketballkorbs geschlagen wird und ein Mitspieler den Rebound fängt, ohne dass der Ball auf dem Boden aufgekommen ist.

**Variante**

- Vergrößerung des Zielfeldes (z. B. gesamte Wand an Kopfseiten)
- Der Ballbesitz wechselt, sobald der Ball den Boden berührt.
- Der Ball wird faustballtechnisch gepasst.
- Bei vielen Spielern können mehrere Bälle eingesetzt werden.
- Überzahl- und Unterzahlspiel

### 4.1.2 Touchdownball

Zwei Mannschaften à mindestens drei Personen spielen gegeneinander und verteidigen jeweils eine Weichbodenmatte, die an den Kopfseiten des Feldes positioniert werden. Die Spieler passen sich den Ball zu; mit Ball dürfen sie nicht laufen. Ein Punkt wird erzielt, indem der Ball einem Mitspieler so zugeworfen wird, dass er ihn in der Flugphase – also nach dem Absprung und vor der Landung auf der Weichbodenmatte – fangen kann. Die verteidigende Mannschaft darf sich nicht auf der zu verteidigenden Matte aufhalten.

**Variante**

- Bei größerer Teilnehmerzahl können weitere Matten oder Bälle eingesetzt werden.
- Der Ballbesitz wechselt, sobald der Ball den Boden berührt.
- Der Ball wird faustballtechnisch gepasst.
- Überzahl- und Unterzahlspiel

### 4.1.3 1 vs. 1 mit Zusatzhütchen

Das Feld ist durch eine niedrige Leine oder Turnbank geteilt. Jede Feldhälfte ist ca. 5 m lang und 3 m breit. Zwei Ballkontakte sind Pflicht, Schmetterbälle sind nicht erlaubt. Wer den Punkt erzielt hat, führt die folgende Angabe aus. Ein Markierungshütchen liegt außerhalb des Feldes, ca. 1,5 m diagonal von der hinteren rechten Ecke entfernt (bei Rechtshändern). Nach jeder Leinenüberquerung des eigenen Angriffs muss das Hütchen mit dem Fuß berührt werden, bevor der Ball wieder gespielt werden darf.

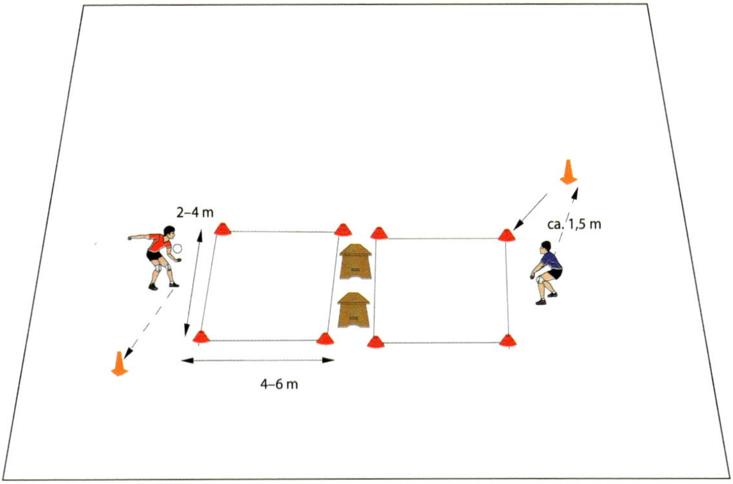


- Feldgröße, Entfernung des Hütchens und Leinenhöhe können je nach Spielstärke verändert werden.
- Drei verpflichtende Ballkontakte verlangsamen das Spiel.
- Mehrere verschiedenfarbige Hütchen liegen außerhalb des Feldes. Je nach Kommando von einem Spieler, der pausiert, muss das entsprechende Hütchen berührt werden.

### 4.1.4 Rollerspiel

Als „Roller“ wird ein Angriffsschlag bezeichnet, der „von unten“ im hohen Bogen ins gegnerische Feld gespielt wird. Dieser Angriff kann vor allem im Hallenfaustball eine effektive Variante darstellen. Zwei 2er-Teams stehen sich gegenüber. Maximal drei Ballkontakte sind erlaubt. Der erste Ballkontakt muss eine Direktannahme sein, der Angriffsball muss „von unten“ gespielt werden. Die beiden Felder sind durch die Leine auf Spielhöhe sowie eine „tote“ Zone geteilt. Die Zone darf im eigenen Spielaufbau betreten und bespielt werden, landet der Angriffsball jedoch in der gegnerischen toten Zone, erhält der Gegner den Punkt. Als Grundlinie dient die Grundlinie des Handballfeldes, das Feld ist 10 m breit, die tote Zone misst auf beiden Seiten ca. 10 x 10 m (siehe Grafik).

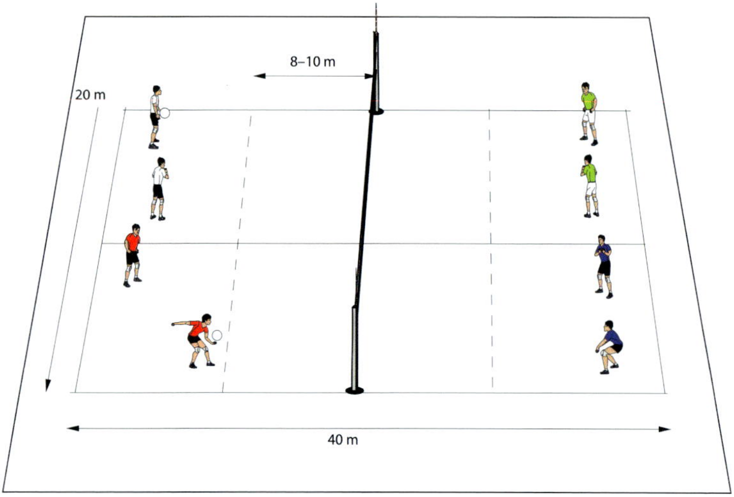


Varianten

- Bei vielen Teilnehmern kann 3 vs. 3 gespielt werden.
- Durch Zusatzaufgaben (Fitnessübungen, Läufe an die Hallenwand, etc.), die direkt nach dem Ballkontakt des jeweiligen Spielers zu absolvieren sind, kann dieses Spiel gut der Erwärmung dienen.
- Die Feldmaße sollten nach Möglichkeit den Maßen des Faustballfeldes (der jeweiligen Altersklasse) entsprechen, um den gewünschten spielnahen Übertrag zu erreichen.

### 4.1.5 Mattenball

Bei diesem Spiel ist ein Umdenken der Spieler, die im 2 vs. 2 antreten, notwendig. Unter Umständen braucht es etwas Zeit bis das Spiel flüssig läuft. Diese Zeit sollte aber investiert werden.

Beide Teams schlagen ihren Angriffsball in dasselbe Zielfeld. Als Zielfeld dient eine kleine Matte (Halle) oder vier Hütchen (2 x 2 m), das inmitten eines Spielfelds liegt, welches nach außen begrenzt ist (ca. 8 x 8 m), um zu kraftvolle Angriffsschläge („Preller“) zu verhindern. Pro Spielzug stehen maximal drei Ballkontakte zur Verfügung. Das verteidigende Team darf den Ball nach dem Kontakt im Zielfeld ein weiteres Mal springen lassen, bevor der erste eigene Ballkontakt erfolgen muss. Springt der Ball zwei Mal im Zielfeld, ist das ein Fehler. Die Mannschaft, die den Punkt erzielt, erhält die Angabe und führt diese von außerhalb des Spielfeldes aus. Kommen Angriffsbälle außerhalb des Spielfeldes auf, erhält der Gegner einen Punkt.

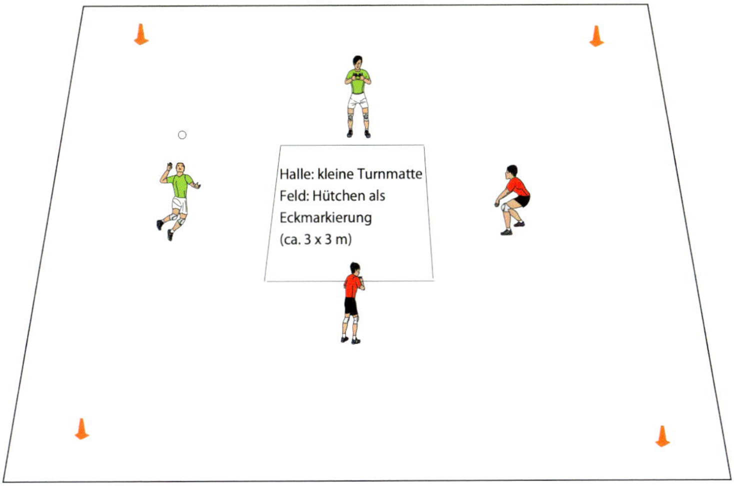


- Um das Spiel zu beschleunigen, darf die Angabe unmittelbar nach Punkterfolg ausgeführt werden. Auf den gewohnten Fairplay-Gedanken, dass man wartet, bis die gegnerische Mannschaft bereitsteht, wird aus genanntem Grund verzichtet.
- Das Spiel funktioniert auch als 1 vs. 1 oder 2 vs. 1.
- Anstatt Matte oder Hütchen können auch kleine Kästen oder Kastendeckel als Zielfeld dienen. Durch das erhöhte Zielfeld kann in dieser Variante auf den zusätzlichen Bodenkontakt des Balles im Spielfeld verzichtet werden.

### 4.1.6 Vorder- gegen Hinterfeld

Dieses Spiel eignet sich ideal zur Schulung des Defensivverhaltens der Angreifer im U-System sowie der Antizipationsfähigkeit und liefert spielnahe Situationen auch bei geringer Teilnehmerzahl.

Zwei Spieler verteidigen das Vorderfeld, drei weitere Spieler das Hinterfeld der anderen Spielfeldhälfte (siehe Grafik). Es gelten die gewohnten Faustballregeln, mit Ausnahme der Angriffsschläge: Das 2er-Team muss den Ball in das gegnerische Hinterfeld schlagen, was präzise Angriffe erfordert. Die Angriffsbälle des 3er-Teams müssen zwei Mal innerhalb des Vorderfeldes aufspringen, um zu gewährleisten, dass die Angriffe in den defensiven Aufgabenbereich der Angriffsspieler fallen. Angriffsschläge, die über die Außenlinien des Vorderfeldes geschlagen werden und nur ein Mal im Feld aufkommen, sind erlaubt.

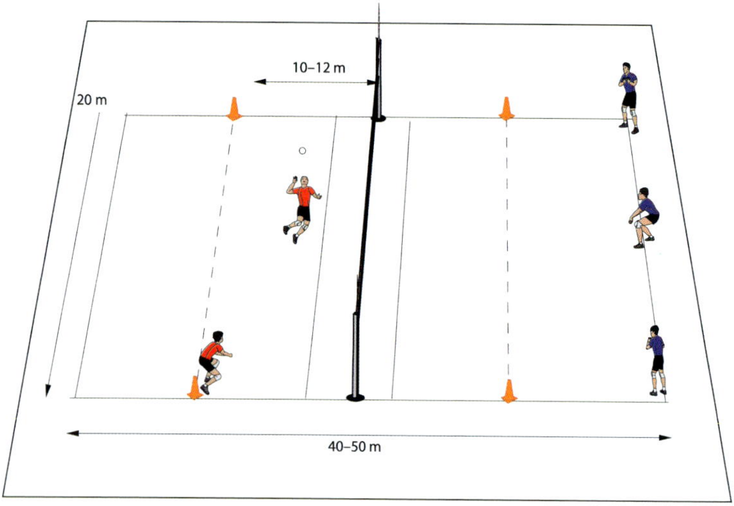


**Variante**

- Je nach Teilnehmerzahl oder Fokus können die Angriffssektoren in Größe und Position (z. B. über die rechte oder linke Flanke) angepasst werden.
- Das Angabenrecht wechselt nicht zwischen den beiden Teams, sondern liegt für einen festgelegten Zeitraum immer beim 2er- bzw. 3er-Team, um den Fokus der Angabe oder der Annahme auf eine Mannschaft zu verlagern.

### 4.1.7 1 vs. 1 mit toter Zone indirekt

Spiele im 1 vs. 1 bieten sich sehr gut an, weil die Sportler sehr viele Ballkontakte ausführen und sie im Wettkampf ein direktes Feedback über den Erfolg ihrer Taktik und Technik erhalten, indem sie oder der Gegner Punkte erzielen. Erlaubt man im Zielfeld einen Bodenkontakt, kann vor allem die indirekte Annahme geschult werden, wie in den folgenden Varianten:

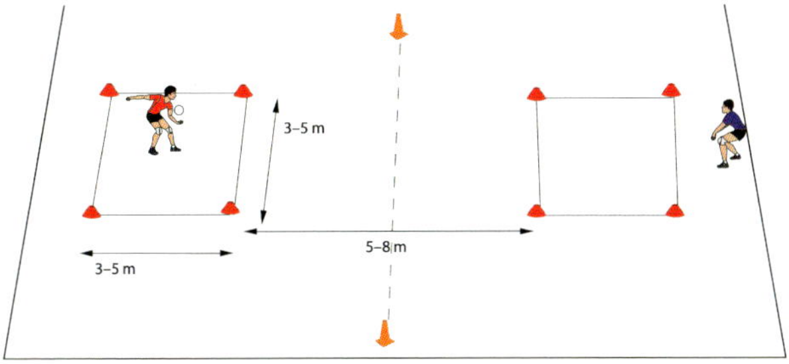


1. Nur ein Ballkontakt ist erlaubt.
   - Die Angabe erfolgt durch den Spieler, der den letzten Fehler beging. Je nach Spielstärke muss die Angabe hinter oder innerhalb des Feldes ausgeführt werden. Je höher das Niveau, desto größer die Entfernung zum gegnerischen Feld.
   - Schmetterbälle sind nicht erlaubt.
2. Zwei Ballkontakte sind erlaubt.
   - Die Angabe erfolgt durch den Spieler, der den letzten Punkt erzielt hat.
   - Schmetterbälle sind nicht erlaubt.
     - Option 1: Der Ball muss nach der Annahme im eigenen Feld springen. Vorteil: Eine präzise Annahme ist erforderlich.
     - Option 2: Der Ball muss nach der Annahme nicht im eigenen Feld springen. Vorteil: Eine Antizipation des gegnerischen Angriffs ist erforderlich und das Spielverständnis wird somit geschult.
3. Drei Ballkontakte sind erlaubt.
   - Die Angabe erfolgt durch den Spieler, der den letzten Punkt erzielt hat.
   - Schmetterbälle sind erlaubt.
     - Option 1: Der Ball muss nach der Annahme im eigenen Feld springen. Vorteil: Eine präzise Annahme ist erforderlich.
     - Option 2: Der Ball muss nach der Annahme nicht im eigenen Feld springen. Vorteil: Eine Antizipation des gegnerischen Angriffs ist erforderlich und das Spielverständnis wird somit geschult.

### 4.1.8 1 vs. 1 mit toter Zone direkt

In diesem Spiel wird die Direktannahme hervorragend geschult und kann somit gut auf Direktannahmen im Großfeldspiel übertragen werden.

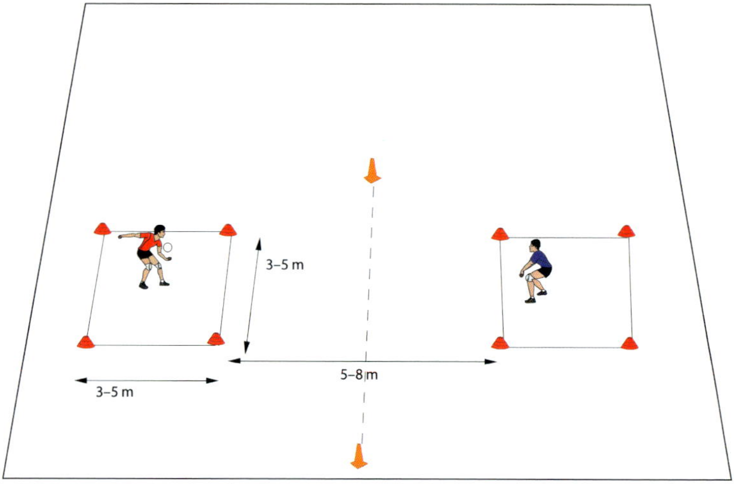


**Variante**

1. Nur ein Ballkontakt ist erlaubt.
   - Die Angabe erfolgt durch den Spieler, der den letzten Fehler beging. Die Angabe wird innerhalb des Feldes ausgeführt. Je höher das Niveau, desto größer die Entfernung zum gegnerischen Feld.
   - Die Spieler verständigen sich auf eine Mindesthöhe. So muss der Ball z. B. mindestens über Kopfhöhe gespielt werden.

2. Zwei Ballkontakte sind erlaubt.
   - Die Angabe erfolgt durch den Spieler, der den letzten Fehler beging.
   - Schmetterbälle sind nicht erlaubt.
   - Der Ball muss nach der Annahme nicht im eigenen Feld springen. Er kann folglich so gespielt werden, dass der Angriff ideal vorbereitet wird.
   - Überquert die Annahme die durch zwei Hütchen markierte Linie zwischen den beiden Spielfeldern (in Grafik: gestrichelte Linie) zwischen den beiden Spielfeldern, muss der Angriffsball im Bogen zum Gegner gespielt werden.

### 4.1.9 3-m-Raum-Spiel

Inspiriert durch die Bundesligamannschaften des TV Oberndorf und des TSV Pfungstadt hat das 3-m-Raum-Spiel seinen Weg in dieses Buch geschafft. Insbesondere das direkte Zuspiel und das Leinenspiel, also das gefühlvolle Ablegen und Spielen des Balles in Leinennähe, wird durch dieses Spiel geschult.

Die Spielregeln sind sehr simpel: Zwei 3er-Teams stehen sich im 3-m-Raum gegenüber. Jede Mannschaft hat drei Ballkontakte zur Verfügung. Springt der Ball außerhalb des Feldes, erhält der Gegner den Punkt. Die Angabe erfolgt durch das Team, das den Punkt erzielt hat.

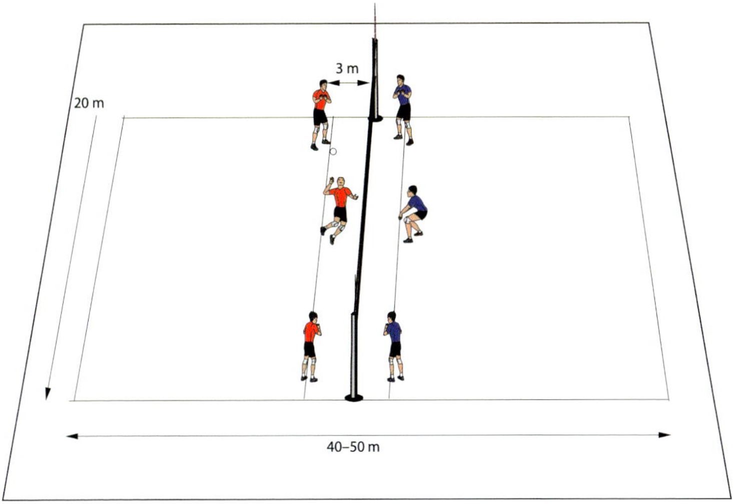


- Spieler, denen ein Fehler unterlaufen ist, müssen eine Sonderaufgabe ausführen und dürfen erst danach wieder ins Spiel eingreifen. Ideal sind hier drei Liegestützen oder ein kurzer Sprint.
- Fahrt nimmt das Spiel auf, wenn die Mannschaft, die den Punkt erzielt hat, die Angabe direkt ausführen darf. Vor allem, wenn die erste Gestaltungsoption ebenfalls gilt. Es sollten dann ausreichend Bälle an den Stangen liegen, um ein flüssiges Spiel zu gewährleisten.
- „Schwäbisch“: Der Ball muss nur im Angriff im Spielfeld landen, Annahme und Zuspiel dürfen außerhalb springen.
- Wie im Volleyball darf derselbe Spieler sowohl den ersten und dritten Ballkontakt spielen.

### 4.1.10 1 vs. 1 vs. 1 mit toter Zone

Dieses Spiel bietet sich besonders bei ungerader Teilnehmerzahl an, trägt der Schulung der Annahme auch im Allgemeinen bestens bei. Jeder der drei Spieler verteidigt sein eigenes Spielfeld und muss den ersten Ballkontakt direkt spielen, bevor er dann mit seinem zweiten Ballkontakt selbst angreift. Als Ziel für seinen Angriff sucht sich der Spieler eines der beiden gegnerischen Felder aus. Der Spieler, dem ein Fehler unterläuft, erhält einen Minuspunkt und eröffnet den nächsten Ballwechsel durch seine Angabe von unten in eines der beiden anderen Felder. Das Spiel endet entweder nach einer bestimmten Zeit oder nach dem Erreichen einer bestimmten Anzahl an Minuspunkten eines Spielers.

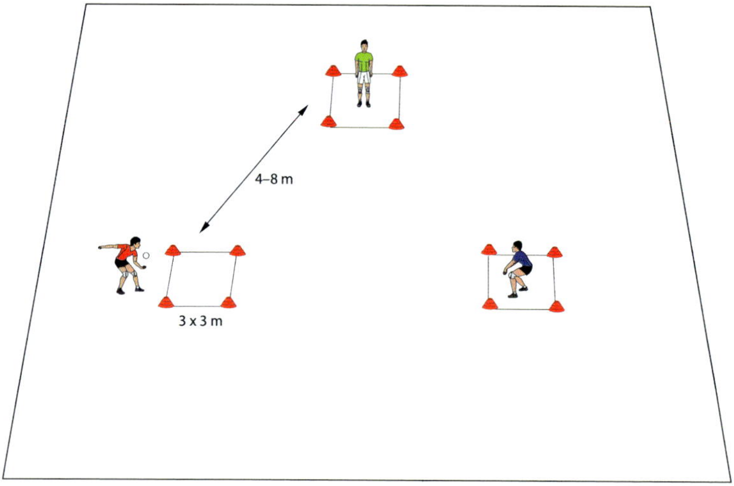


**Variante**

- Schmetterschläge werden erlaubt. Das erschwert die Annahme der Gegner deutlich.
- Drei Ballkontakte sind möglich. Gepaart mit der Regel, dass geschmettert werden darf, entwickelt sich ein dynamisches Spiel.
- Der erste Ballkontakt darf auch indirekt gespielt werden. Diese Regel wird das Spiel etwas beruhigen und vereinfachen.
- Durch erfolgreiche Angriffe können Minuspunkte „gelöscht“ werden. So wird sich eine offensivere Spielweise etablieren.

### 4.1.11 Oberndorfer Korbschießen

Auch dieses Spiel stammt aus Schweinfurt und ist beim TV Oberndorf äußerst beliebt. Es eignet sich, unabhängig von der Anzahl an Spielern, sowohl als Aufwärm- als auch als Abschlussspiel. Ziel des Spiels ist es, den Ball unter Beachtung aller gültigen Faustballregeln gegen bzw. in einen zuvor gewählten Basketballkorb zu spielen. Zu Beginn wird die Reihenfolge durch die teilnehmenden Spieler selbstständig festgelegt. Im Anschluss daran erfolgt von einem zuvor festgelegten Aufschlagpunkt die Angabe, welche nur gültig ist, wenn der Ball den Basketballkorb berührt. Nun versucht der zweite Spieler den Ball mit einem Kontakt gegen oder in den Basketballkorb zu spielen. Dabei ist sowohl ein direktes als auch ein indirektes Spielen des Balls erlaubt. Gelingt es einem Spieler nicht, den Ball gegen den Korb zu spielen, endet der Durchgang und alle anderen Spieler erhalten einen Punkt. Die Angabe wird von dem Spieler ausgeführt, der als Letztes den Ball regelkonform gegen den Korb gespielt hat. Für jeden Treffer in den Korb erhält ein Spieler zwei Punkte, bei direktem Spiel sogar drei. Ein Treffer, unabhängig davon, ob er direkt oder indirekt gespielt wurde, kann jedoch von dem nachfolgenden Spieler neutralisiert werden, indem dieser den Ball von unten durch den Basketballkorb spielt. In diesem Fall wird der Durchgang direkt fortgesetzt. Gelingt dies nicht, erhält der betreffende Spieler seine Punkte. Ein Spieler gewinnt, sobald er elf Punkte erreicht hat.

- Nach jedem Ballkontakt wird in vorgegebener Laufart an ein entferntes Ziel gelaufen. So können beispielsweise Warmlaufen und Ballkontakte verknüpft werden.
- Als Zuspieltraining: Jeder Spieler hat zwei Ballkontakte, wodurch die Abschlussaktionen näher an das Zuspiel im Spiel angelehnt sind. Hierbei können auch nur die Treffer zählen, die ohne Brett erzielt werden.
- Mit zwei Kontakten: Es muss mit links und rechts gespielt werden oder der Ball darf zwischen den eigenen Kontakten nicht den Boden berühren.

### 4.1.12 Blinde Kuh

Zwei 2er-Teams stehen sich getrennt durch einen Sichtschutz (z. B. Weichbodenwagen) gegenüber. Der erste Ballkontakt nach der Angabe der gegnerischen Mannschaft muss direkt gespielt werden, was eine gute Reaktionsschnelligkeit und passende Position zum Ball erfordert. Zwischen den beiden Ballkontakten der zwei Mitspieler darf der Ball aufspringen und wird daraufhin über den Sichtschutz in das gegnerische Feld gespielt. Als Feldmaße bieten sich 3 m Breite und 4–6 m Länge pro Spielfeldhälfte an.

Variante

- Alle Kontakte müssen direkt gespielt werden.
- Ein Spielen „von oben" ist erlaubt. So wird die Flugbahn deutlich kürzer und die verteidigende Mannschaft vor größere Probleme gestellt.
- Ein Partner jedes Teams muss einen Ball tragen. Der Ballträger darf den Spielball nicht spielen. Er muss den getragenen Ball also rechtzeitig zu seinem Partner werfen. Fällt der getragene Ball auf den Boden, erhält das gegnerische Team den Punkt.
- Bei kleinen Kindern kann der Faustball auch durch einen Luftballon ersetzt werden.

### 4.1.13 Faustball Squash

Zwei Spieler treten im 1 vs. 1 gegeneinander an. Als Zielfeld dient die Hallenwand auf einer Breite von etwa sechs Metern. Das Spielfeld hat die gleiche Breite und misst auch in der Länge sechs Meter. Die Angabe eröffnet das Spiel und erfolgt hinter der Grundlinie. Der Ball muss direkt an die Wand gespielt werden. Der Gegner darf den Ball einmalig aufspringen lassen, bevor er ihn faustballtechnisch an die Wand spielt. Springt der Ball zwei Mal oder außerhalb der Feldmarkierung auf, erhält der Gegner den Punkt.

Variante

- Steht ausreichend Platz zur Verfügung, lässt sich durch kleine Anpassungen deutlich mehr Dynamik in das Spiel bringen: Das Spielfeld wird in der Länge deutlich vergrößert, beide Spieler haben nun zwei Ballkontakte zur Verfügung und dürfen den Ball schmettern. Sollten kurz gespielte Angriffe kaum zu verteidigen sein, kann ein toter Raum vor der Wand (ca. 3 m) bestimmt werden, in dem der Ball nach dem Wandkontakt nicht aufkommen darf.

### 4.1.14 2 vs. 2 Kleinfeld

Die klassische Form des Kleinfeldspiels ist das 2 vs. 2. Die Leinenhöhe beträgt 1,80 m, die Feldmaße 12 m x 4 m, jedes Team hat drei Ballkontakte zur Verfügung und die Angabe wird durch die Mannschaft, die den letzten Punkt erzielt hat, hinter der eigenen Grundlinie ausgeführt. Angriffsschläge von oben sind erlaubt.

- „Schwäbisch": Nur der Angriffsschlag muss in das Feld gespielt werden. Annahme und Zuspiel dürfen auch außerhalb des Feldes aufkommen.
- Das Blocken ist nicht erlaubt.

### 4.1.15 Inselball

Zwei Mannschaften, die aus mindestens vier Spielern bestehen, spielen auf einem großen Spielfeld (z. B.: 5 vs. 5 auf 20 x 40 m) gegeneinander. Ein Spieler in Ballbesitz darf den Ball faustballtechnisch passen oder mit Ball laufen, indem er den Ball prellend oder jonglierend bewegt. Rollt der Ball auf dem Boden, darf er mit beiden Händen aufgehoben und wie oben erklärt verarbeitet werden. Je ein Spieler pro Team steht auf einer Insel (ca. 3 x 3 m), die durch Hütchen markiert ist, und dient als Zielspieler. Der Ball muss dem Zielspieler direkt zugespielt werden, dieser spielt den Ball ebenfalls direkt zu einem seiner Mitspieler zurück. Fängt der Passempfänger den Ball, erhält die Mannschaft einen Punkt und der Ballbesitz wechselt. Die verteidigende Mannschaft darf die gegnerische Insel nicht betreten.

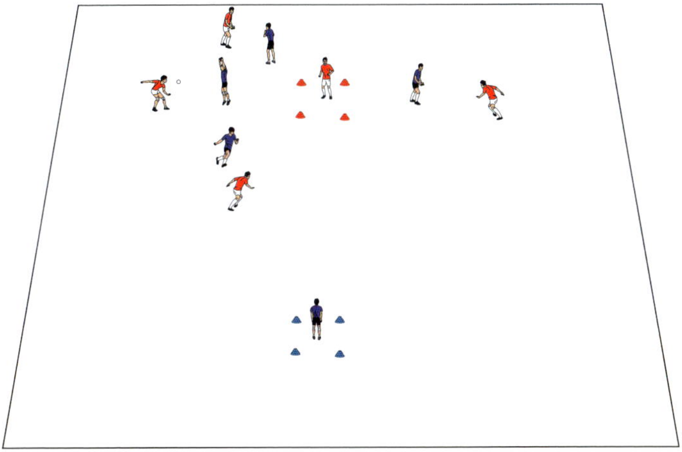

## 4.2 Annahme

### 4.2.1 Organisationsformen für Annahmeübungen

Die folgenden Organisationsformen helfen bei der Schulung der unterschiedlichen Arten der Annahme. In den Erklärungen der Annahmeübungen wird auf diese Organisationsformen Bezug genommen.

- Pendel rechts und links

  A wirft Bälle etwa 2–3 m rechts und links (z. B. beim seitlichen Hecht müssen die Entfernungen größer sein) neben B, der sie mit dem jeweils äußeren Arm direkt zum Werfer zurückspielt und auf seine Ausgangsposition zurückkehrt.

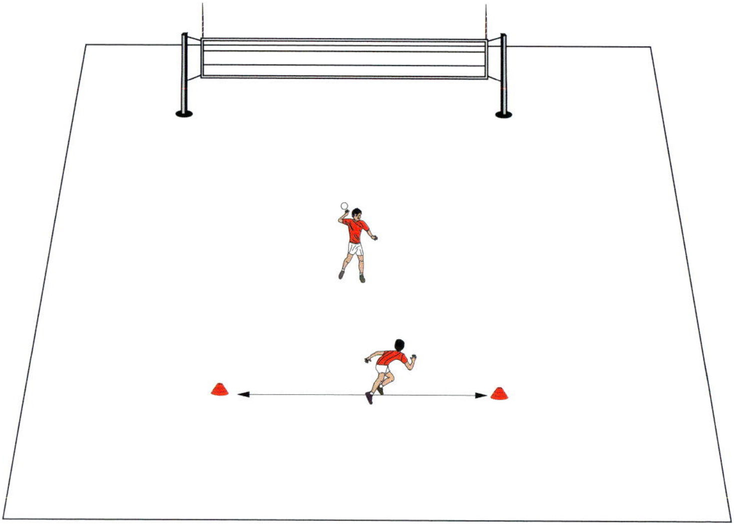

- Pendel vor und zurück

  Partner B bewegt sich etwa 3–5 m vor und zurück und spielt die Bälle entsprechend der angesagten Annahmeart zu Partner A zurück. Es ist zu empfehlen, dass sich der Annahmespieler dynamisch „in den Ball bewegt“, um die gewünschte Spielrichtung zu realisieren und den Ball mit ruhigem Arm spielen zu können. Das „Pendel vor und zurück“ schult dieses Verhalten.

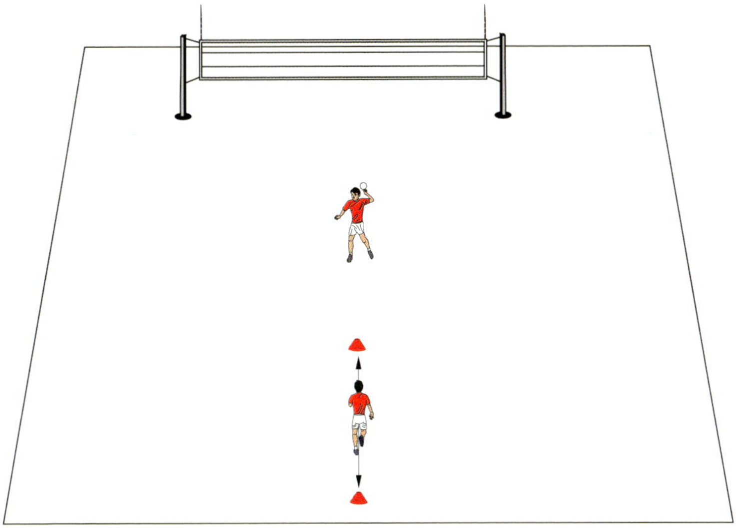

- Bewegung in der Raute

  Vier Hütchen werden in Form einer Raute angeordnet (siehe Grafik). In dieser Anordnung lassen sich seitliche und frontale Bewegungen sowie schnelle Richtungswechsel gut simulieren.

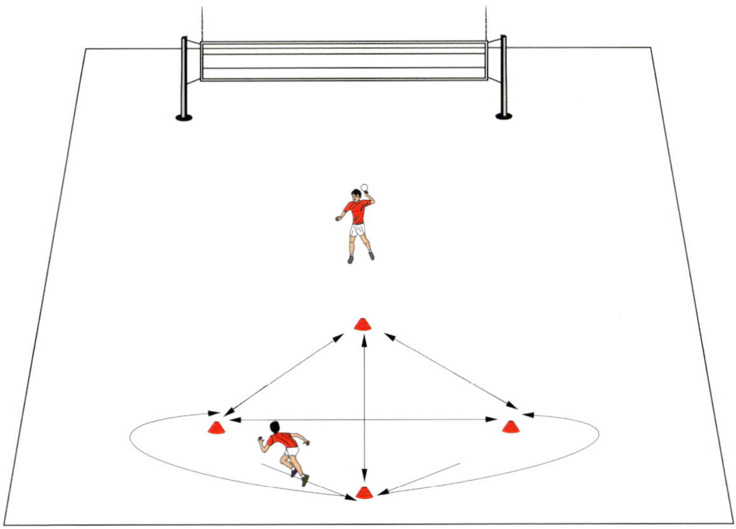

- Gasse im Raum

  Die Spieler gehen paarweise zusammen und stehen sich mit Blick zum Partner gegenüber. Rechts und links von ihnen stehen weitere Paare.

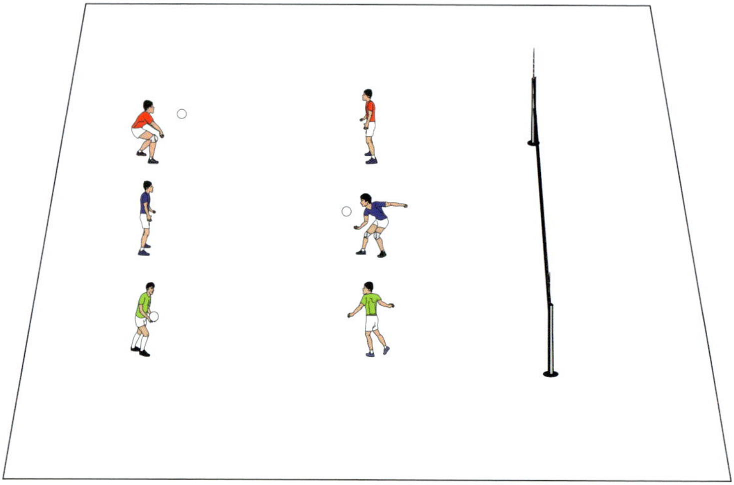

- Gasse an der Leine

Dabei handelt es sich um das gleiche Prinzip wie die „Gasse im Raum“. Allerdings teilt nun die Leine die Gasse in der Mitte.

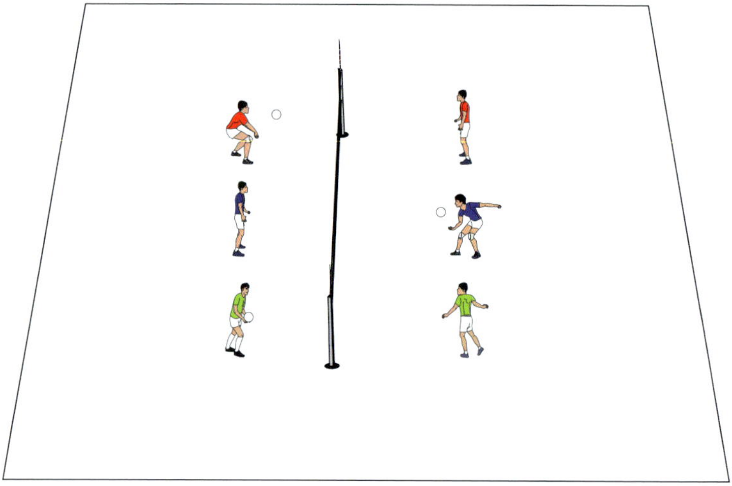

- Halbkreis

Ein Spieler steht in der Mitte eines Halbkreises, den seine Mitspieler bilden.

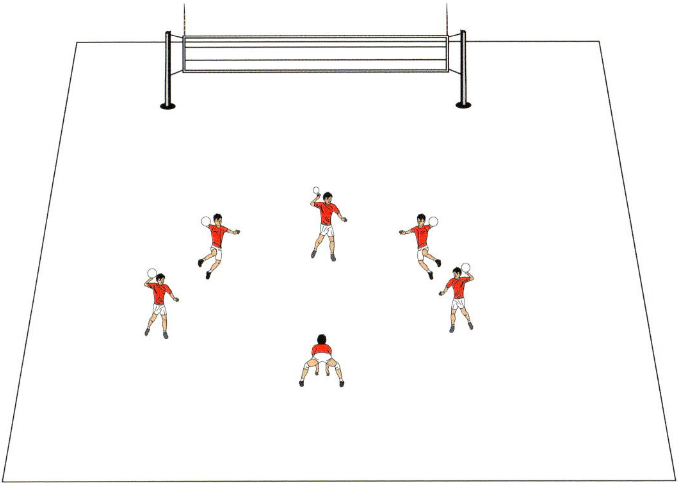

- Auf Faustball-Spielposition

Der Spieler steht auf der für ihn typischen Spielposition, um bestimmte Aktionen möglichst spielnah auszuführen. Diese Spezialisierung sollte erst bei älteren und erfahreneren Gruppen angewandt werden. Vorher ist eine variable und flexible Ausbildung Trumpf.

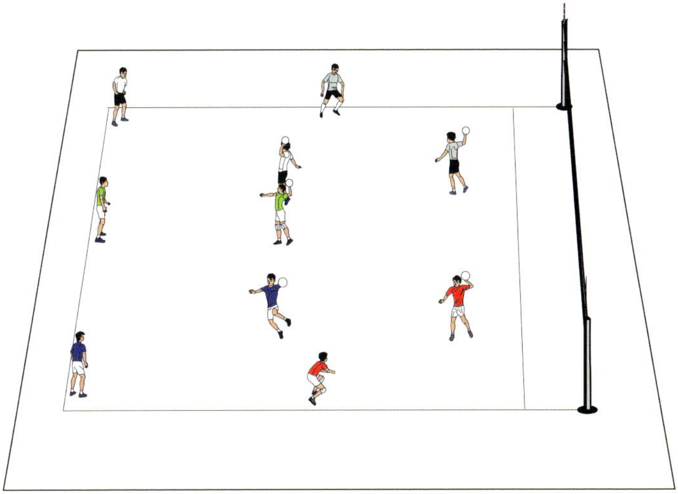

### 4.2.2 Die Klassiker der Annahme

Die folgenden Übungen – oder zumindest eine Auswahl davon – sollten in keinem Faustballtraining fehlen und können die Basis in der Ausbildung eines guten Faustballers schaffen. Die Organisationsformen lassen sich beliebig mit den Variationsmöglichkeiten der Würfe kombinieren, um unterschiedliche Situation zu schaffen. Korrekturen sind hier genauso wichtig wie die Erkenntnis der Spieler, dass und weshalb die gewünschte technische Ausführung zu mehr Erfolgen in Spielsituationen führen wird. Eine Verknüpfung zwischen Spielen, Spiel- und Übungsformen ist äußerst empfehlenswert.

Partner A fungiert als Werfer, Partner B spielt die Bälle faustballtechnisch zu ihm zurück.

Der Werfer hat in der Art seiner Würfe einige Variationsmöglichkeiten, um das Üben verschiedener Techniken des Annahmespielers zu ermöglichen:

- Indirekt

  A wirft den Ball so, dass der Ball vor der Annahme einmalig aufspringt.

- Direkt

  A wirft den Ball so, dass B ihn direkt aus der Luft zurück in As Arme spielen kann.

- Drop

  Eine der anspruchsvollsten Annahmetechniken: die Drop-Annahme. Der Ball wird kurz nach dem Aufspringen gespielt, indem man den Ball durch eine Vorwärtsbewegung in der Hocke Richtung Partner schiebt. Der Arm wird senkrecht nach unten gehalten, die Faust zeigt in Richtung Boden.

- Abrollen

  Partner B verlagert seinen Körperschwerpunkt während der Sidesteps nach unten, spielt den Ball im seitlichen Fallen und rollt sich anschließend über die Seite ab.

- Hecht seitlich

  Der Ball wird flach und schnell geworfen, sodass Partner B den Ball im Hecht spielen muss. Siehe dazu: „Übungsreihe zur Einführung des Hechts".

- Hecht frontal

  Die Arme werden in Vorhalte gehalten, der Körperschwerpunkt durch Beugen der Beine und Hüfte nach unten verlagert und ein kraftvoller Impuls aus den Beinen nach vorne gegeben. Der Spielarm bleibt ruhig und etwa in 45-Grad-Winkel zum Boden.

- Alle Übungen mit Tennisbällen oder anderen kleinen Bällen ausführen. Hier werden technische Fehler deutlich schneller bemerkt und die Spieler sind koordinativ stärker gefordert.
- Der Spieler dreht sich mit dem Rücken zum Werfer und dreht sich auf ein vereinbartes Kommando um. Durch die kürzere Reaktionszeit wird der Annahmespieler sowohl in puncto Position zum Ball als auch Beinarbeit stärker gefordert.
- Sobald die Grundtechnik gefestigt ist, lässt sich nach dem Grundsatz verfahren, dass zufällige Würfe besser sind als regelmäßige und somit vorhersehbare. Im Spiel werden sich ebenfalls unvorhersehbare Situationen ergeben, auf die die Sportler dann besser vorbereitet sind.

### 4.2.3 Volle Power

Diese Übungsform verbindet verschiedene Grundtechniken und stammt aus den Überlegungen des Erfolgstrainers und Rekordnationalspieler Deutschlands, Dieter Thomas. Der Annahmespieler (in der Grafik mit grünem Trikot und weißer Hose) führt dabei in einer festgelegten Reihenfolge Aktionen aus:

1. Direkt- oder Dropannahme (rotes Hütchen)
2. Seitlicher Hecht (oranges Hütchen)
3. Frontaler Hecht (grünes Hütchen)
4. Direktannahme im Hecht (blaues Hütchen)
5. Indirektes Zuspiel aus dem Halbfeld (gelbes Hütchen)
6. Bälle sammeln und Werfer ablösen, dann Übernahme der Rolle des Annahmespielers auf der anderen Feldseite

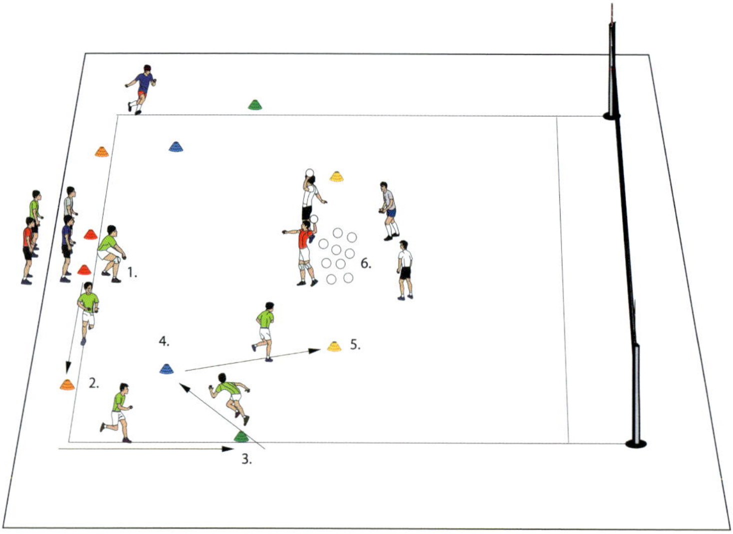


**Variante**

- Nur Direktannahmen. Spieler muss entsprechend innerhalb des Feldes stehen.
- Mit Reaktion auf Kommando: Spieler steht mit dem Rücken zum Werfer und führt die Aktion auf Kommando durch.

### 4.2.4 Standards

Der deutsche Bundestrainer Olaf Neuenfeld ist der Überzeugung, dass diese Übung einer der Gründe für den souveränen Weltmeistertitel 2015 der deutschen Mannschaft in Argentinien gewesen ist. In der Vorbereitung auf die WM wurde in den Trainingseinheiten großer Wert auf eine offensive Annahme gelegt, die ein Schusszuspiel sowie einen erfolgreichen Spielschlag vorbereitete.
Spieler A steht im Halbfeld und wirft bzw. schlägt einen kontrollierten Ball auf den Annahmespieler B, der auf seiner Position steht. Dieser spielt den Ball gezielt nach vorne, sodass der Ball in ausreichender Höhe direkt zugespielt werden könnte.

- Zuspieler und Angreifer laufen ein, um den „Standardball" tatsächlich zu verwerten.
- Für Anfänger bietet sich die Markierung von Zielkorridoren an, um den idealen Ball optisch zu verdeutlichen.
- Um den Druck zu erhöhen, kann diese Übung mit den Wettkampfideen aus „Wie viele Zuspiele schaffe ich?", „Bezahlen mit Burpees" oder „Zuspiel-Duell" kombiniert werden.

### 4.2.5 Übungsreihe zur Einführung des Hechts

Aufgrund des großen Raums, den ein Spieler im Faustball verteidigen muss, kommt es in nahezu jedem Spielzug vor, dass der Annahmespieler den Ball nur im Hecht erreichen kann. Vielen Spielern fällt die Überwindung, sich in vollem Lauf auf den Oberkörper fallen zu lassen, verständlicherweise schwer. Die folgende Übungsreihe soll wichtige Knotenpunkte des Hechtens verdeutlichen und die Spieler Step-by-Step an die wichtige Technik im Faustball heranführen. Die folgenden Übungen können, müssen aber nicht in der Reihenfolge durchgeführt werden.

#### 1. Mattenrutschen

Schon bei den Kleinsten ist Mattenrutschen ein sehr beliebtes Spiel. In Kleingruppen nimmt man Anlauf auf eine Weichbodenmatte und springt bäuchlings auf die Matte, um sie möglichst weit durch die Halle zu treiben. Hier kann ein entscheidender Knotenpunkt des Hechtens herausgegriffen werden: die Verlagerung des Körperschwerpunkts nach unten mit den letzten zwei bis drei Schritten. Am besten rutscht die Matte, wenn der Absprung flach und kraftvoll nach vorne erfolgt.

### 2. Hecht aus der Hocke auf Gymnastikmatte

Die Spieler starten in der Hocke und hechten nach einem tiefen Zwischenschritt auf eine Gymnastikmatte. Hier sollte der Fokus darauf gelegt werden, dass der erste Mattenkontakt mit Brust und Bauch erfolgt. Die Beine bilden bei Mattenkontakt den höchsten Punkt, beide Arme sind nach vorne gestreckt. Es wird verlockend sein, den Bodenkontakt mit den Händen oder Armen abzufangen, was aber zu einem späteren Zeitpunkt im Spiel nicht mehr möglich sein wird und zu Verletzungen führen kann, weshalb bereits bei dieser Übung auf die korrekte Technik Wert gelegt werden sollte. Beherrschen die Sportler die Übungsausführung, kann ein Faustball geworfen und im Hecht aus der Hocke angenommen werden.

### 3. Hecht aus kurzem Anlauf (auf Gymnastikmatte)

Die Spieler nehmen drei bis vier Schritte Anlauf, senken ihren Körperschwerpunkt, machen sich lang und hechten, indem sie sich mit dem letzten Schritt möglichst explosiv abstoßen. Ebenfalls mit Wurf möglich, sobald die Technik beherrscht wird. Der Anlauf kann je nach Fortschritt der Spieler stetig vergrößert werden.

### 4. Abtauchen

Einen spielerischen Ansatz bieten die folgenden Übungen:

- Durch die Beine des Partners tauchen:
  Partner A steht breitbeinig da, Partner B hechtet durch As Beine. B steht auf, stellt sich breitbeinig auf, A hechtet durch die Beine. Diese Übung kann auch als Wettrennen durchgeführt werden.
- Unter einer Stange oder der Leine durchtauchen:
  Auch diese Übung dient der Vermittlung des Absenkens des Körperschwerpunkts vor dem Hecht und erfolgt nach demselben Prinzip.

### 5. Pinguinrennen

Dieses Spiel funktioniert am besten in der Halle oder auf nassem Rasen. Es wird ein Korridor oder eine Linie benannt, in bzw. vor dem der letzte Schritt erfolgen muss (z. B. vor der 3-m-Linie), die Spieler hechten und die Weite des Hechts wird ermittelt.

### 6. Hecht in Spielsituation

Abschließend wird ein Ball von Partner A so geworfen, dass B ihn nur durch einen Hecht erreichen kann. Diese Übung kann auch positionsspezifisch ausgeführt werden, um noch spielnähere Situationen zu schaffen.

### 4.2.6 Mirror Drill mit Hechtannahme

Spieler A und Spieler B stehen sich jeweils am hinteren Hütchen der Hütchenraute gegenüber und blicken sich an. Spieler A führt Sprints (mind. vier) von Hütchen zu Hütchen aus, B spiegelt seine Bewegungen und sprintet ebenfalls zum entsprechenden Hütchen. Spieler C wirft zu einem für B unbekannten Zeitpunkt den Faustball so an, dass B ihn nur mithilfe einer Hechtannahme erreichen kann.

Hinter A und B stehen weitere Spieler in Reihe an. Die Spieler auf der Seite von A geben die Sprintrichtungen vor, die Spieler auf der Seite von B kopieren diese. Nach jedem Durchgang wechseln die Spieler die Seite und entsprechend die Aufgabe. C wird nach vier Würfen ausgetauscht.

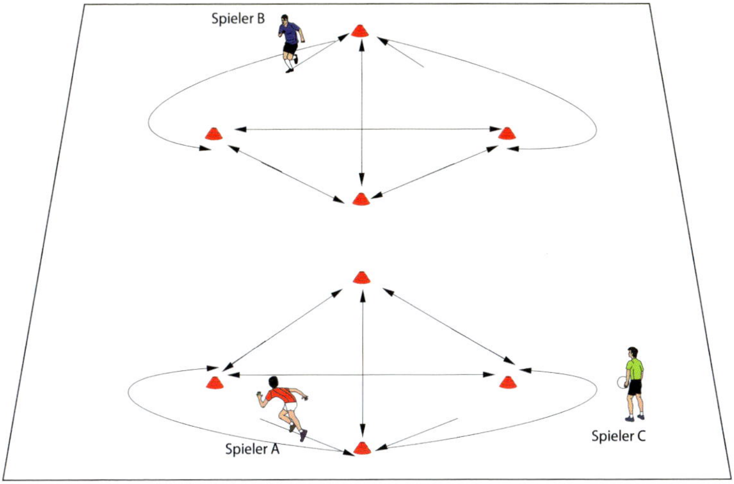

### 4.2.7 Reaktion von Wand

Spieler A und B führen diese Übung gemeinsam aus. A steht etwa einen halben Meter hinter B mit Blickrichtung zur Wand und hat mehrere Bälle zur Verfügung, B steht etwa drei Meter von der Wand entfernt mit Blickrichtung zur Wand und dem Rücken zu A. A wirft nun einen Ball an B vorbei direkt an die Wand, den Spieler B direkt annehmen muss und seinerseits an die Wand spielen muss. Der Übungsleiter sollte betonen, wie entscheidend es bei dieser Übung ist, dass die Arme bereits in Vorhalte gehalten werden, um schnell und genau reagieren zu können.

**Variante**

- Unterschiedliche Bälle werden verwendet, um den Annahmespieler koordinativ noch stärker zu fordern.
- Die Distanz kann je nach Niveau und Aufgabe verändert werden. Möchte man die indirekte Annahme schulen, muss der Annahmespieler weiter von der Wand entfernt stehen.

### 4.2.8 Känguru und Gepard

„Känguru und Gepard" ist eine gute Übung, um die Reaktionsschnelligkeit, den Antritt und die Annahme zu kombinieren. Die Idee stammt von Philipp Müller vom TSV Hagen. Spieler A hüpft mit prellenden Sprüngen nach vorne, Spieler B geht hinter ihm und wirft einen Ball an A vorbei. Dieser sprintet dem Ball hinterher und spielt ihn gerade nach oben. Nach einer Bahn wechseln die Aufgaben.

### 4.2.9 Unter Beschuss

Spieler A steht innerhalb eines Halbkreises von drei weiteren Spielern, die eine Vielzahl an Faustbällen zur Verfügung haben. Die Angreifer nehmen den Annahmespieler unter Beschuss und ermöglichen ihm so möglichst viele Ballkontakte. Sind alle Bälle „verschossen", tauschen die Spieler die Aufgaben.

**Variante**

- Der Annahmespieler steht auf seiner Faustball-Spielposition und versucht den Ball so anzunehmen, dass die Annahme im Spiel eine perfekte Vorbereitung für das Zuspiel wäre. Die Angreifer stehen im Halbfeld in einer Reihe hintereinander und werfen bzw. schlagen den Ball auf den Annahmespieler.
- Die Höhe der Würfe bzw. Schläge kann variiert werden. So kann der Ball Richtung Füße, Knie, Oberkörper, rechts, links, etc. geschlagen werden, um verschiedene Annahmeformen zu schulen.
- Die Art der Bälle kann variiert werden.

## 4.2.10 Würfe in die Gasse

Der Annahmespieler startet von der Ecke des Spielfeldes und nimmt Bälle des Werfers, der im Halbfeld steht, indirekt an. Startpunkt ist immer die Ecke des Feldes, zuerst erfolgt eine Annahme mit dem linken Arm, dann eine mit dem rechten. Nach acht Annahmen (vier rechts, vier links) wechseln Werfer und Annahmespieler die Aufgaben.

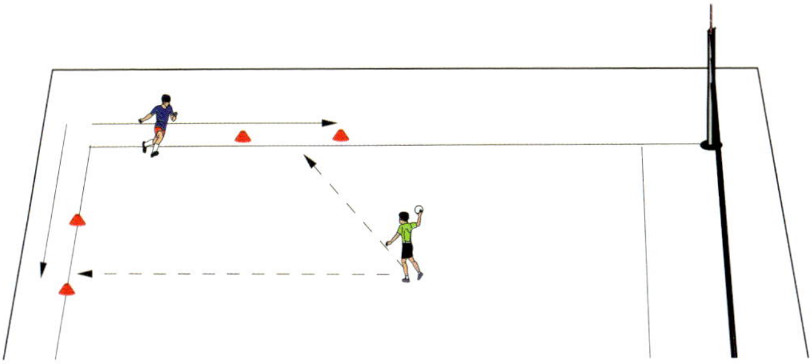

## 4.2.11 Annahmeübung für Angreifer

Der Defensivspieler startet auf seiner Position im Angriff und verteidigt den ersten geworfenen Ball in Liniennähe (auf seine Position). Der zweite Wurf ist von dem Spieler außen ungefähr im 3-m-Raum anzunehmen. Als nächstes muss ein halblang geworfener Ball in der Feldmitte angenommen und abschließend ein Ball Schuss zugespielt werden. Um den Übungsablauf flüssig zu gestalten, werden zwei Werfer benötigt. Werfer A wirft den ersten, zweiten und dritten Ball. Werfer B den Ball zum Zuspiel. Nach einem Durchgang rotieren die Spieler in ihren Aufgaben und Positionen.

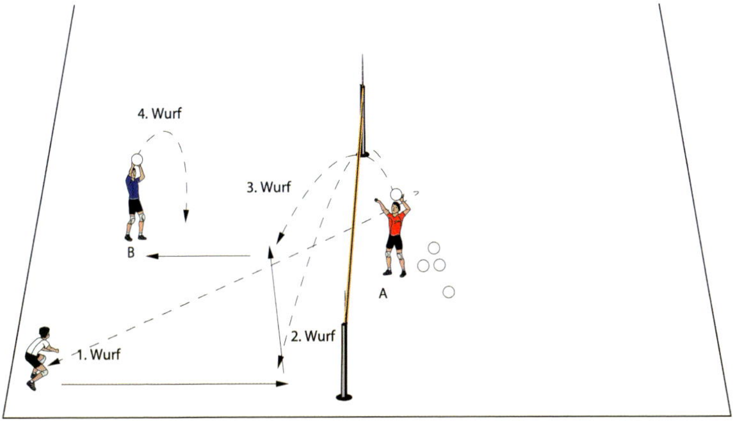

## 4.2.12 Kurz oder außen

Der Defensivspieler startet auf seiner Position im Angriff und läuft an der Außenlinie entlang. Diesen Laufweg wählt der Spieler im Spiel bei gegnerischen Zuspielen in Leinennähe. In dem Moment, in dem der Annahmespieler am zweiten Hütchen vorbeiläuft, wirft der Werfer, der auf der anderen Feldseite mittig an der Leine steht, den Ball entweder kurz oder nach außen. Der Annahmespieler reagiert entsprechend und nimmt den Ball an.

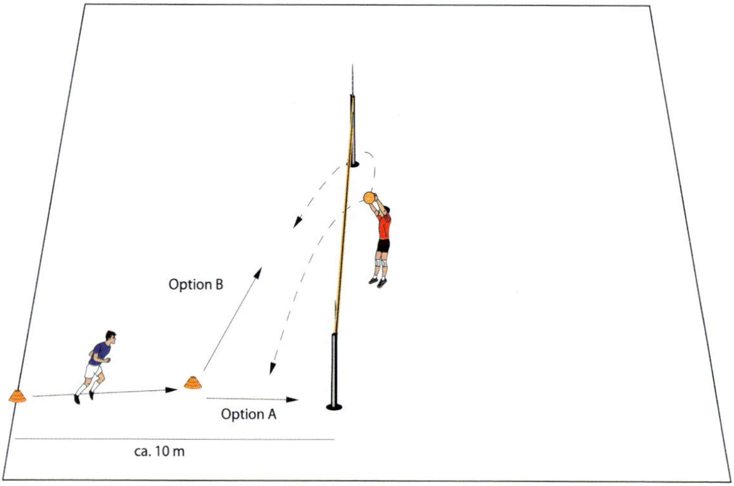


**Variante**

- Anstatt eines Werfers werden ein Zuspieler und ein Angreifer eingesetzt. Aus dem Schusszuspiel entscheidet der Angreifer, ob er den Ball kurz oder nach außen schlägt. Der Annahmespieler läuft den gewohnten Laufweg bis zum zweiten Hütchen, antizipiert den Schlag und versucht ihn anzunehmen.
- Der Werfer wirft noch variantenreicher (z. B.: halblange Bälle, mit Effet, Drop- oder Direktannahme, etc.)

## 4.2.13 Bahnenlaufen

Auch das Bahnenlaufen lässt sich am besten in Partnerarbeit realisieren. Partner A ist Werfer und läuft die erste Bahn von Grundlinie zu Grundlinie rückwärts mit Blick zu Partner B in einem Abstand von drei bis sechs Metern. B läuft vorwärts und nimmt die Bälle in der Vorwärtsbewegung an und spielt sie wieder zurück zu A.

- Als Varianten eignen sich alle Wurf- und Annahmeformen aus der Übung „Die Klassiker der Annahme".
- Partner A hat als Werfer zwei Bälle und wirft die Bälle direkt, sodass Partner B immer gefordert ist. A entscheidet sich zu einem selbst gewählten Zeitpunkt dafür, einen der Bälle nicht direkt zu B zu werfen, sondern ihn fallen zu lassen. A erhechtet den Ball.

## 4.2.14 Ballübungen an der Leine

Die Leine und die 3-m-Linien eignen sich perfekt, um Ballübungen abwechslungsreicher zu gestalten. Die Spieler stehen in der Organisationsform „Gasse an Leine". Auch hier lassen sich „Die Klassiker der Annahme" umsetzen und zu variablen Partneraufgaben zusammengesetzt werden, die mit der Verwendung verschiedener Bälle noch weiter variiert werden können. Hier einige Ideen:

- Triff die Linie
  - Der Ball wird indirekt gespielt und beide Spieler versuchen die 3-m-Linie des Gegenübers zu treffen. Bei unerfahreneren Spielern kann das Ziel durch ein Hütchenquadrat vergrößert werden.
  - Beide Spieler führen nach dem Spielen des Balles eine Drehung um die eigene Achse durch. Wer behält die Orientierung?
- Drunter und drüber

  Ein Partner hat die Aufgabe den Ball über die Leine zu spielen, der andere muss den Ball unter der Leine hindurch spielen. Hier bieten sich verschiedene Varianten aus direktem, indirektem und Drop-Spiel an.
- Direktannahme in der Vorwärtsbewegung
  - Partner A startet auf etwa fünf Metern, Partner B wirft den Ball flach unter der Leine hindurch. A nimmt den Ball im Vorwärtsfallen mit den Armen in Vorhalte direkt an und spielt den Ball über der Leine in die Hände des Partners.
  - Die gleiche Übung funktioniert auch perfekt mit Drop-Annahmen.

- Alles direkt

  Beide Spieler stehen jeweils in einem kleinen Hütchenquadrat (1 x 1 m) an der 3-m-Linie und spielen den Ball direkt. Das Paar, das es schafft, die meisten Kontakte zu spielen und dabei stets mindestens einen Fuß im Quadrat zu positionieren, gewinnt.

- Direkte Würfe

  Partner A steht an der Leine und wirft den Ball zur Direktannahme auf Partner B, der auf der 3-m-Linie steht. Kann A den Ball über der Leine fangen, ohne einen Ausfallschritt zu machen, erhält B einen Punkt.

### 4.2.15 Kräftigende Ballübungen

Um Stabilisationsübungen abwechslungsreicher zu gestalten, werden hier Kraft- mit Ballübungen kombiniert. Partner A wirft die Bälle, Partner B nimmt sie an.

- Liegestütz

  Partner B ist im Liegestütz, Partner A steht ihm gegenüber und wirft Bälle vor den rechten bzw. linken Arm, sodass B den Ball spielen kann und die Balance mit den Beinen, dem zweiten Arm und dem Rumpf halten muss.

- Liegestütz mit Abrollen

  Grundlage ist der gleiche Aufbau wie in der vorherigen Übung. Nun rollt sich B aber, nachdem er den Ball gespielt hat, mit nach vorne gestrecktem Spielarm über die Längsseite und drückt sich direkt wieder hoch in den Liegestütz.

- Situps

  B befindet sich in der Grundposition eines Situps mit angewinkelten Beinen. Partner A steht über ihm auf Höhe der Knie von B und lässt den Ball im Wechsel rechts und links fallen. A spielt den Ball in aufgesetzter Position und kehrt in die Anfangsposition zurück, um dann den nächsten Ball spielen zu können.

- Ausfallschritte und Direktannahme

  Ähnlich dem „Bahnenlaufen" bewegen sich Partner A und B in eine gemeinsame Richtung. B führt Ausfallschritte aus und spielt am tiefsten Punkt den Ball, den A wirft, direkt.

- Seitstütz und Kreisen

  Beide Partner halten sich im Seitstütz und kreisen einen Faustball um den stützenden Arm.

- Auf und Ab

  Jeder Spieler jongliert seinen Ball faustballtechnisch, setzt sich dabei auf den Hintern und steht wieder auf, ohne den Ball fallen zu lassen.

### 4.2.16 Koordinative Ballübungen

Um auch erfahrenere Spieler mit klassischen Ballübungen fordern zu können, bietet es sich an, Ballübungen mit Zusatzaufgaben zu ergänzen. Auch junge Spieler freuen sich über koordinative Herausforderungen.

- Faust und Fuß

  Ein Paar spielt mit zwei Bällen gleichzeitig. Ein Ball bleibt am Boden und wird fußballtechnisch zum Partner gespielt. Der zweite Ball wird direkt (zu Beginn indirekt) faustballtechnisch hin und her gespielt. Welches Paar schafft die meisten Wiederholungen?

- Werfen, spielen, fangen

  Diese Aufgabe klingt schon kompliziert: Partner A und B halten je einen Faustball in den Händen. A wirft seinen Ball senkrecht in die Luft, B passt seinen Ball per Druckpass zu A, welcher den Ball faustballtechnisch zurück zu B spielt, um dann seinen eigenen Ball zu fangen. Zu Beginn können alle Kontakte geworfen und gefangen werden, um die Komplexität zu verringern.

- Direkt und kurz

  Partner A hat je einen Ball in seinen Händen. Einen Ball wirft er zur Direktannahme zu B, den zweiten Ball lässt er so fallen, dass B den Ball nach der Direktannahme im Hecht spielen kann.

- Endlosschleife

  – Partner A hat zwei Bälle, wirft einen Ball zur indirekten Annahme zu B. Während B den Ball spielt, wirft A den zweiten Ball ebenfalls zur indirekten Annahme. So entsteht eine Endlosschleife.
  – Schwierig wird es, wenn die Bälle direkt gespielt werden müssen.

## 4.3 Zuspiel

### 4.3.1 Organisationsformen bei Zuspielspielen und -übungen

Für die in diesem Kapitel folgenden Zuspielspiele und Zuspielübungen bieten sich vor allem vier Organisationsformen an, auf die in allen weiteren Erklärungen Bezug genommen wird.

- Partnerarbeit frontal

  Partner A steht an der Leine und spielt Partner B an. Partner B nimmt den Ball so an, dass er mit dem zweiten Ballkontakt ein ideales Zuspiel ausführen kann.

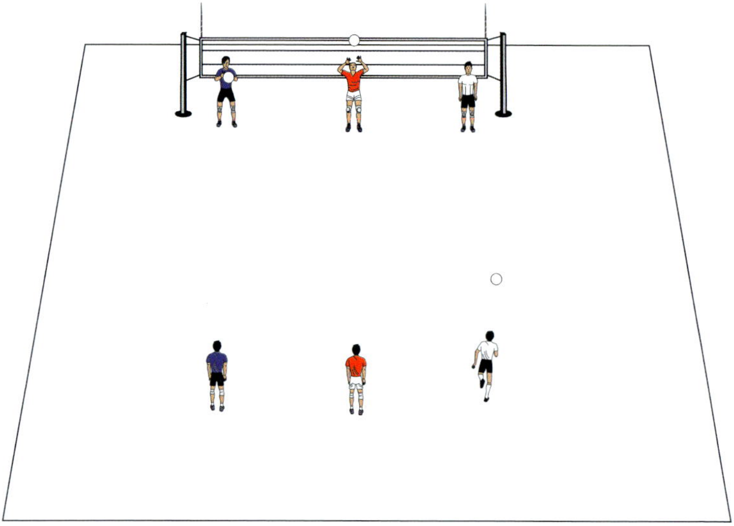

- Dreier-Roulette mit Anspieler
  - Partner A spielt die Bälle in das Feld, Partner B spielt den Ball zu, Partner C fängt den Ball nach dem Zuspiel ab und rollt ihn zurück zu Partner A. Für einen flüssigen Ablauf sollten mindestens zwei Bälle zur Verfügung stehen.
  - Das Dreier-Roulette kann problemlos erweitert werden, indem mehr Zuspieler aktiv sind. Eine Gruppengröße von fünf Personen sollte nicht überschritten werden, um die nötige Aktivität aller Beteiligten zu gewährleisten.

- Reihe

  Die Sportler stellen sich hintereinander an, haben jeweils einen Ball, führen die Aktion aus, holen ihren eigenen Ball und stellen sich wieder hinten in der Reihe an. Für eine Grafik siehe „Schusszuspiele auf Kasten“.

- Stationen-Zuspiel

  Jeder Spieler hat einen Faustball. An jeder Station führt er ein Zuspiel aus und läuft dann an die nächste Station. Vor Beginn wird die Reihenfolge der Stationen festgelegt.

### 4.3.2 Wie viele perfekte Zuspiele schaffe ich?

Dieses Zuspielduell erfordert sowohl ein gutes Maß an Selbsteinschätzung als auch die Fertigkeit, den Ball zielgenau zuzuspielen. Vor Spielbeginn sagen beide Spieler an, wie viele Zuspiele sie perfekt zuspielen werden (z. B. sieben von zehn). Im Feldfaustball könnte man beispielsweise ein Zuspiel als perfekt definieren, wenn es in ausreichender Höhe in einer Distanz zur Leine zwischen – 0,3 m (entsprechend muss der Angreifer dann übergreifen) und einem Meter gespielt wird. Die tatsächlich erreichte Zahl perfekter Zuspiele (in diesem Fall angenommen: fünf) wird mit der Ansage multipliziert. Der Zuspieler hat entsprechend 35 Punkte erzielt. Zusätzlich muss jeder Spieler für jedes Zuspiel, das er unter seiner Ansage blieb, drei Liegestützen ausführen (hier: sechs Liegestützen).
Für dieses Spiel eignet sich die Organisationsform „Partnerarbeit frontal“ (siehe „3.0 Organisationsformen Zuspiel“) am besten.

- Durch mehrere Stationen wird das Zuspiel aus verschiedenen Distanzen trainiert (z. B.: 6 m, 12 m, 18 m, etc.).
- Der Definitionsbereich eines perfekten Zuspiels kann an die Trainingsgruppe angepasst werden.
- Die Grundidee des Spiels kann auch mit anderen Grundtechniken und Übungen durchgeführt werden, wie z. B. Angaben- oder Zuspielserien.

### 4.3.3 Bezahlen mit Burpees

Für dieses Spiel eignen sich die Organisationsformen „Partnerarbeit frontal“ und „Dreier-Roulette mit Anspieler“ hervorragend. Das Zuspiel findet unter gesteigerten Druckbedingungen statt. Je nach Leistungsstärke der Spieler und Schwierigkeitsgrad wird vor Beginn des Spiels eine Anzahl perfekter Zuspiele festgelegt, die nach zehn Zuspielversuchen erreicht sein muss (z. B. sechs von zehn Zuspielen). Hat der Spieler nach zehn Versuchen die Mindestzahl noch nicht erreicht, muss er jeden weiteren Versuch mit drei Burpees (oder anderen Fitnessübungen) „bezahlen“. Der Aufgabenwechsel erfolgt nach Erreichen der Mindestzahl.

**Variant**

- Mehrere Stationen können in verschiedenen Distanzen zur Leine festgelegt werden (z. B.: 6 m, 12 m, 18 m, etc.).
- Der Definitionsbereich eines perfekten Zuspiels kann an die Trainingsgruppe angepasst werden.
- Die Grundidee des Spiels kann auch mit anderen Grundtechniken und Übungen durchgeführt werden, wie z. B. Angaben- oder Zuspielserien.

### 4.3.4 Gestörtes Zuspiel

In dieser Übung wird der Fokus für kurze Zeit vom eigentlichen Zuspiel genommen, um anspruchsvolle Spielsituationen zu simulieren. Als Organisationsform eignet sich das „Dreier-Roulette mit Anspieler“. Nach dem Anspiel und vor dem Zuspiel muss der Zuspieler eine Extra-Aufgabe absolvieren (z. B. an ein bestimmtes farbiges Hütchen laufen) oder aber er wird von einem weiteren Spieler abgelenkt und am Weiterlaufen gehindert.

**Variant**

- Mehrere Stationen können in verschiedenen Distanzen zur Leine festgelegt werden (z. B.: 6m, 12m, 18m, etc.).
- Der Anspieler ruft die entsprechende Farbe des Hütchens, an das der Zuspieler laufen muss, bevor er das Zuspiel ausführen darf.

### 4.3.5 Ziel-Zuspiel

Nach dem Organisationsprinzip des „Stationen-Zuspiels“ werden verschiedene Ziele in der Halle aufgebaut bzw. benannt. Als Ziele bieten sich Turnmatten an, die auf große Turnkästen gelegt werden und in unmittelbarer Nähe zur Leine positioniert werden. Bei leistungsstarken Gruppen kann auch die Lederfläche des Turnkastens ausreichen. Insbesondere als Ziel für direkte Zuspiele eignen sich Basketballkörbe. Die Spieler verteilen sich an die Stationen, spielen sich den Ball an, spielen zu und laufen in einer festgelegten Zeit die Stationen ab. Der Spieler mit den meisten Treffern bzw. Punkten gewinnt.

- Je nach Schwierigkeit des Ziels kann die Punktvergabe für Treffer variiert werden.
- Im Feld-Faustball stehen üblicherweise weniger Geräte zur Verfügung. Hier können stattdessen Zielsektoren benannt werden.

### 4.3.6 Zuspiel-Battle

Es werden mehrere 3er-Teams gebildet, die sich jeweils im „Dreier-Roulette mit Anspieler“ auf einer Feldhälfte des Faustballfeldes aufstellen. Um positionsgetreue Zuspiele zu gewährleisten, startet der Zuspieler jeweils von seiner Position. Jedes perfekte Zuspiel wird mit einem Punkt für die Gruppe gewertet. Der Bereich eines perfekten Zuspiels wird vor Beginn festgelegt. Nach fünf Zuspielen rotieren die Spieler in ihren Aufgaben. Der Zuspieler wird zum Fänger, der Fänger zum Anspieler und der Anspieler zum Zuspieler.

- Sollte weniger Platz zur Verfügung stehen oder die Entfernung im Großfeld für die Gruppe zu groß sein, kann das Zuspiel-Battle auch auf einer kleineren Fläche durchgeführt werden.
- Bei unerfahreneren Gruppen bietet es sich an, dass der Übungsleiter in der Bewertung der Zuspiele unterstützt.
- Nach der ersten Runde führen die Teams, die weniger Punkte erzielt haben, Fitnessaufgaben (Sprints, Stabilisationsübungen, Kraftübungen, etc.) aus. In der zweiten Runde tritt jedes Team gegen seinen eigenen Rekord aus der vorherigen Runde an und versucht diesen zu überbieten.

### 4.3.7 Zuspiel-Duell

Zwei Spieler treten im Zuspiel-Duell gegeneinander an. Beide Zuspieler haben jeweils zehn Zuspielversuche und zielen darauf ab, möglichst viele Zuspiele perfekt zu spielen. Wie bei den meisten Zuspielübungen verständigen sich die Spieler vor Beginn des Duells darüber, in welcher Distanz und Höhe zur Leine der „perfekte Sektor" liegt. Dieser Sektor kann je nach Gruppe angepasst werden. Für dieses Spiel bietet sich vor allem die Organisationsform „Partnerarbeit frontal" an.

**Variant**

- Schusszuspiele aus unmittelbarer Leinennähe (1–6 m) auf einen mobilen Basketballkorb, der an der Leine aufgebaut ist, oder auf die Lederfläche eines großen Turnkastens. Hier sollte der Trainer darauf achten, dass ein ausreichend hohes Zuspiel gespielt wird.
- Mehrere Stationen können in verschiedenen Distanzen zur Leine festgelegt werden (z. B.: 6 m, 12 m, 18 m, etc.).
- Verschiedene Distanzen des Zuspiels zur Leine können unterschiedliche Punktzahlen ergeben. Z. B.: drei Punkte für eine Distanz von 0–1 m, ein Punkt für 1–3 m.
- Die Spieler können Wetteinsätze vereinbaren, wie beispielsweise den, bei einer Niederlage eine bestimmte Fitnessübung absolvieren zu müssen.

### 4.3.8 Reaktion im Quadrat

Die Sportler finden sich in Paaren zusammen. Partner A positioniert sich in aktiver Stellung zentral in einem quadratischen Feld, das von vier Hütchen in vier unterschiedlichen Farben markiert wird. Partner B hat vier Hütchen in den gleichen Farben sowie einen Faustball zur Verfügung. Hebt B das blaue Hütchen, bewegt sich A schnellstmöglich zum blauen Hütchen und wieder zurück in die Mitte des Quadrats. Die finale Aktion – über den Zeitpunkt entscheidet Partner B – ist ein Zuspiel, das durch den Anwurf des Faustballes signalisiert wird. A holt seinen Ball und wird nun zum Anzeiger.

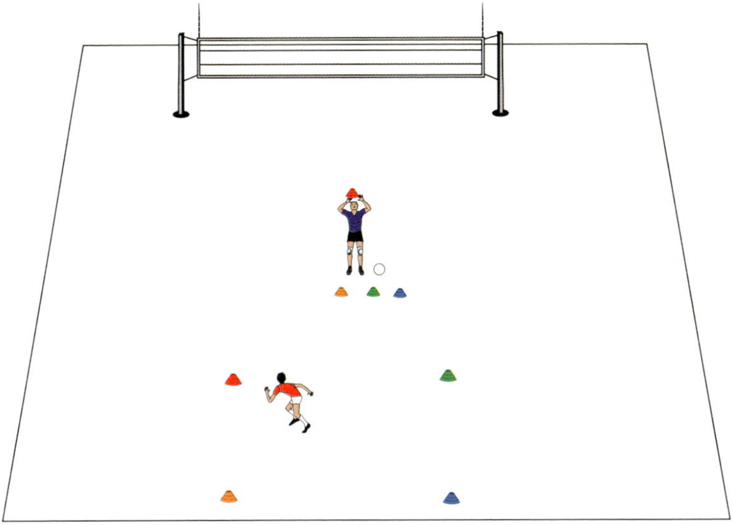

- Bei vielen parallelen Quadraten genügt auch ein Teilnehmer allein als Anzeiger der Farben.
- Der Übungsaufbau „Reaktion im Quadrat" kann auch selbstständig als Fitnessübung stehen oder eine andere faustballspezifische Aktion nach sich ziehen. Annahmen im Stand oder Hecht sowie Spielschläge eignen sich hier gut.
- Um weitere koordinative Impulse zu legen, können anstatt der Farben weitere Kommandos die gewünschte Aktion auslösen. Zahlen, leichte Rechenaufgaben, aber auch Kategorien wie Obst, Gemüse, Berufe, Tiere, etc. können die jeweiligen Ecken repräsentieren. Viele Optionen bietet auch die Kopiervorlage „Farbenspektrum", die am Ende dieses Kapitels angehängt ist.

### 4.3.9 Schusszuspiele auf Kasten

Diese Übung eignet sich ideal zur Festigung der Zuspieltechnik in Einsteigergruppen. Der Übungsleiter kann gut auf technische Potenziale hinweisen oder die korrekte Technik demonstrieren. Die Spieler stellen sich in der „Reihe“ auf, werfen sich den Ball so an, dass sie das Schusszuspiel (direktes Zuspiel) in einer Distanz zwischen einem und vier Metern von der Leine ausführen und spielen den Ball in hohem Bogen, sodass er auf die Lederfläche des großen Turnkastens fällt. Der Kasten steht mit der hinteren Längskante auf der Mittellinie, um zu gewährleisten, dass das Zuspiel auch in Spielsituationen zur idealen Vorbereitung des Angriffs führen würde. Die Gruppengröße sollte sechs Spieler nicht übersteigen.

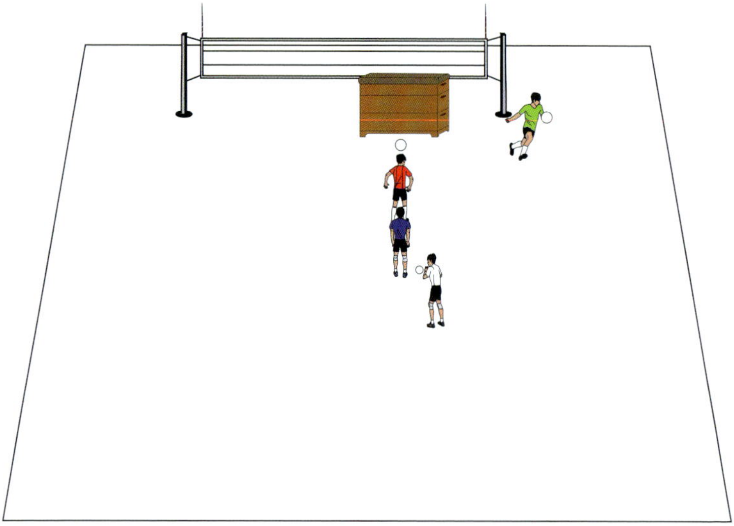

**Variante**

- Der gleiche Aufbau funktioniert auch für indirekte Zuspiele. Hier wird sich eine Vergrößerung der Trefferfläche, durch Auflegen einer kleinen Turnmatte auf den Kasten, anbieten.
- Um den Aufforderungscharakter zu erhöhen, können die einzelnen Teams im Wettkampf gegen die anderen Gruppen oder in einer Einzelwertung antreten.

### 4.3.10 Farbenspektrum

Das Farbenspektrum kann ausgedruckt werden, um verschiedene exekutive Funktionen abzurufen und die Spieler koordinativ zu schulen. Farben können mit unterschiedlichen Bewegungsaufgaben verbunden werden. Je nach Ansage orientieren sich die Sportler an der Farbe des Hintergrundes, des Wortes oder der Farbe, die wörtlich geschrieben steht.

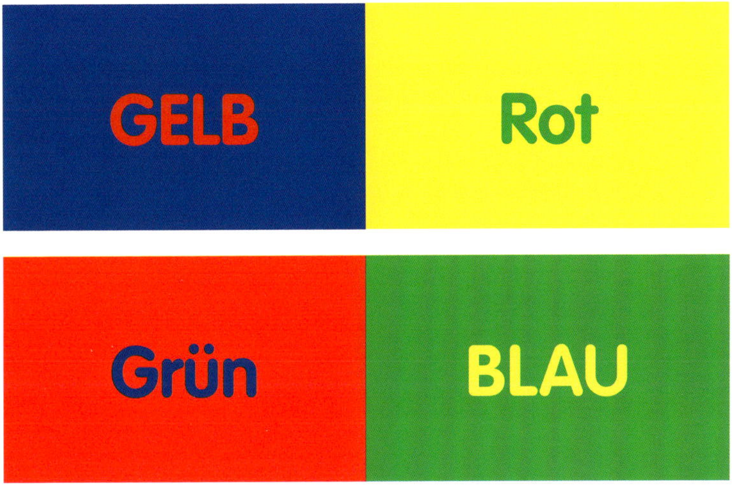

## 4.4 Angriffsschläge

### 4.4.1 Schlag auf zwei

Diese Übung eignet sich, wenn man die Angreifer in recht spielnahen Situationen Angaben oder Spielschläge trainieren lassen möchte, jedoch nur wenige Abwehrspieler zur Verfügung hat oder einen zweiten Inhalt parallel durchführen möchte. Dem bzw. den Angreifern und Zuspielern stehen zwei Abwehrspieler auf der anderen Feldhälfte gegenüber. Die Abwehrspieler beginnen auf der rechten Abwehrseite, vorne rechts und hinten rechts, und wehren eine bestimmte Anzahl an Angaben ab. Nach der Serie rotieren sie eine Lücke weiter (hinten rechts und Mitte) und folgen dieser Logik bis sie auf der linken Abwehrseite angekommen sind. Die Angreifer haben die Aufgabe Angriffsschläge auf die entsprechende Seite zu schlagen.

**Variante**

- Zwischen Angreifern und Annahmespielern können kleine Wettkämpfe ausgetragen werden, bspw. die aus dem Spiel „Abwehr gegen Angriff“.

### 4.4.2 Abwehr gegen Angriff

Fünf Abwehrspieler treten gegen zwei Angreifer an. Die Abwehr erhält einen Punkt, wenn sie die Angabe bzw. den Spielschlag annehmen kann und das Zuspiel so erfolgt, dass der Spielschlag im 3m-Raum möglich ist. Spielen sie den Ball perfekt zu, erhalten sie sogar zwei Punkte. Das perfekte Zuspiel wird vorher definiert. Ist der Angriffsschlag nicht zu returnieren, erhalten die Angreifer einen Punkt, bei einem Fehler bekommt die Abwehr einen Punkt gutgeschrieben. Der Mannschaftsteil, der zuerst elf Punkte erreicht, gewinnt.

**Variante**

- Es werden ausschließlich Angaben oder Spielschläge oder eine Mischung aus beiden geschlagen.
- Schätzt man die Abwehr bzw. den Angriff stärker ein, kann die Punktzahl für die Aktionen angepasst oder einem Mannschaftsteil ein Vorsprung eingeräumt werden.
- Auch die Abwehr greift an: Es gelten die gleichen Regeln wie oben, lediglich mit der Ergänzung, dass die Abwehrspieler auf die Positionen angreifen dürfen, die besetzt sind (z. B.: beide Angriffspositionen und die Mitte). Erzielen sie einen Punkt im defensiven Aufgabenbereich der Angreifermannschaft, erhalten sie einen Bonuspunkt, unterläuft ihnen ein Fehler, einen Minuspunkt.

### 4.4.3 H.O.R.S.E

Diese Spielidee stammt aus dem Basketball. Grundidee ist es, dass Spieler A eine bestimmte Angabe bzw. Spielschlag ansagt und faustballkonform ausführt. Spieler B muss den Schlag nachahmen. Ist A erfolgreich, B jedoch nicht, erhält B einen Minuspunkt, den ersten Buchstaben des Wortes „Horse“. Ist B erfolgreich, A jedoch nicht, verhält es sich umgekehrt. Kommen beide zum gleichen Ergebnis, erhält niemand einen Buchstaben. Wer zuerst das Wort vervollständigt, verliert. Das Recht, den Angriffsschlag anzusagen und zuerst auszuführen, wechselt nach jeder Angabe.
Das Spiel eignet sich ideal, um kreative Angriffsschläge auszuprobieren und den Spaßfaktor im Training zu erhöhen.

- Spielschläge können sich in etlichen Komponenten unterscheiden:
  - Ziel (wo muss die Angabe landen?)
  - Schnitt (Unterschnitt, Sidespin, Topspin)
  - Körperposition (Sitzen, Stehen, Körper zeigt in bestimmte Richtung)
  - Sprung (Sprungangabe mit unterschiedlich langem Anlauf, Sprungangabe aus dem Stand, einbeinig, beidbeinig)
  - Schlagbewegung (Schlag von unten, von oben, Rundschlag)
  - Schlagarm (starker oder schwacher Arm)
  - …

### 4.4.4 Zielschießen

Im gegenüberliegenden Feld werden Ziele aufgestellt. Diese Ziele können durch Hütchen markiert werden, durch das Abkleben von bestimmten Korridoren auf dem Hallenboden, durch kleine und große Tore oder Mattenwagen. Weil man im Faustball zumeist versucht, nicht auf die Spieler zu schlagen, sondern zwischen sie, ist es besser, wenn die Objekte den Positionen der Spieler nachempfunden sind und die Angabe in die Zwischenräume geschlagen wird.
Die Spieler versuchen nun mit ihrer Angabe die entsprechenden Ziele (Zwischenräume) zu treffen. Verschiedene Wettkämpfe könnten sein:

- Wer trifft zuerst alle Ziele?
- Wer trifft die meisten Ziele innerhalb einer bestimmten Zeitvorgabe?
- Wer trifft von zehn Angaben die meisten in dasselbe Ziel?
- Wer trifft dasselbe Ziel mit möglichst vielen verschiedenen Angaben (siehe „H.O.R.S.E.“)?
- …

### 4.4.5 Pendellauf

Idealerweise stehen für diese Übung zwei parallel liegende Spielfelder zur Verfügung, zwischen denen hin und her gependelt werden kann. Alternativ funktioniert die Übung aber auch, indem man beide Spielfeldhälften eines Einzelfeldes nutzt.

In Partnerarbeit fungiert ein Spieler als Angreifer, ein zweiter als Zuspieler eines Schusszuspiels. Die Paare greifen auf beiden Feldern auf je zwei Spieler an, die eine Seite der gegnerischen Hälfte verteidigen. Nach dem Angriff pendelt das Paar auf das zweite Feld und führt den nächsten Spielschlag aus. Je ein weiterer Spieler (in der Grafik: graues Shirt, schwarze Hose) steht im Halbfeld der Defensive und schlägt Standardbälle auf die beiden Defensivspieler, wenn zwischenzeitlich kein Offensivpaar bereitsteht, um die Aktivität aller Spieler hochzuhalten. Nach etwa drei Minuten suchen sich die Spieler neue Aufgaben und die nächste Runde beginnt.

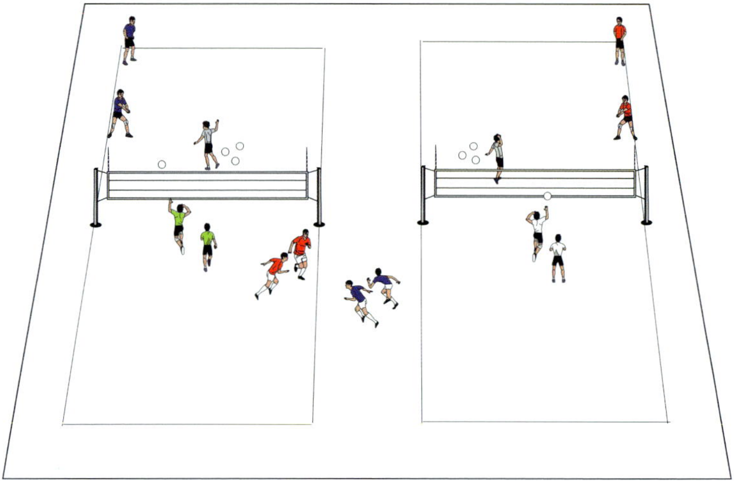

**Variante**

- Zwischen den beiden Feldern kann ein Koordinationsparcours aufgebaut werden, den beide Partner absolvieren müssen, bevor sie den nächsten Spielschlag ausführen. Auch für die Defensivspieler können Zusatzaufgaben benannt werden.

### 4.4.6 Spielschlagserien mit angeworfenem Zuspiel

Um auch im Training Belastungen des Angreifers zu simulieren, die sich in langen Ballwechseln im Spiel ergeben, muss der Angreifer in Spielschlagserien in kurzen Abständen Angriffe auf vorher bestimmte Ziele ausführen. Dafür eignen sich entweder abgesteckte Ziele (siehe „Zielschießen") oder ein bis zwei Abwehrspieler.
Dem Angreifer wird ein Werfer zur Verfügung gestellt, der ein Schusszuspiel mithilfe eines Wurfs simuliert. Der Angreifer schlägt pro Serie sechs bis zehn Spielschläge in Folge auf das gleiche Ziel. Dabei läuft er nach jedem Angriff rückwärts zu einem Hütchen, um von dort erneut anzulaufen. In der nächsten von mindestens drei Serien visiert er ein neues Ziel an.

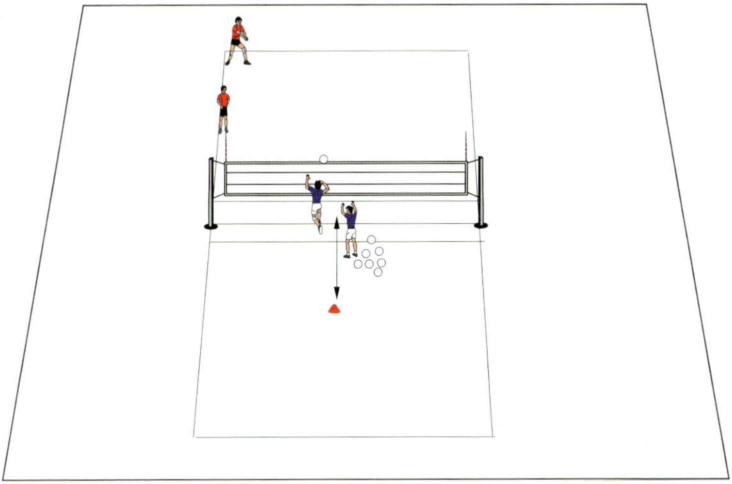

- Angabenserien werden mit Zusatzübungen wie Kurzsprints, Medizinballwürfen oder Kraftübungen kombiniert. Nach jeder Angabe führt der Angreifer eine Fitnessübung aus und schlägt dann die nächste Angabe.
- In der Halle lassen sich mit diesem Aufbau ideal Preller üben. Als Preller bezeichnet man Spielschläge, die so auf den Boden geschlagen werden, dass sie nach dem ersten Bodenkontakt im Bogen über die gegnerischen Abwehrspieler – somit unerreichbar – die Hallenwand berühren.

### 4.4.7 Bruder, schlag' den Ball lang

Inspiriert von dem Kommando des Fußballers Ante Rebic (damals Eintracht Frankfurt) an seinen Teamkollegen, haben die Angreifer in dieser Übungsform die Aufgabe, lange Bälle zu schlagen. Um das gegnerische Team unter Druck setzen zu können, sollten druckvolle Angriffsschläge in Liniennähe gespielt werden. Präzision ist dabei häufig entscheidender als die reine Kraft. Hierfür wird im Faustballfeld ein Sektor eingezogen (in etwa die letzten fünf bis acht Meter bis zur Grundlinie), in dem der erste Bodenkontakt des Angriffsschlags aufkommen muss. Gelingt dies nicht, erhält die gegnerische Mannschaft einen Punkt.

**Variante**

- Als Übungsform: Mindestens drei Spieler bilden die Defensive (hinten rechts, Mitte, hinten links), mindestens ein Angreifer greift auf sie an (Angabe und/oder Spielschlag).
- Als Spiel: Mannschaftsstärken von 3 vs. 3 bis 5 vs. 5 sind möglich.
- Ein Sektor kann auch an den Seitenlinien gezogen werden, um auch die Angriffe in Richtung Außenlinie zu trainieren.

## 4.5 Block

### 4.5.1 Ball wegdrücken

Spielt die gegnerische Mannschaft einen Ball in Leinennähe zu, möchte man mit einem Block den gegnerischen Preller vermeiden. Essentiell hierfür ist es, als Blockspieler die maximal mögliche Höhe zu erreichen und möglichst weit auf des Gegners Seite zu blocken. Die hier dargestellte Übung soll zum einen den Anlauf und Absprung schulen und zum anderen der Entwicklung des Körpergefühls zuträglich sein, überzugreifen und rechtzeitig den Arm zurückzuziehen, um nicht die Leine zu berühren.
Partner A steht auf einem kleinen Kasten und hält einen Ball in Schlaghöhe auf der eigenen Spielfeldhälfte. Partner B nimmt mindestens drei Schritte Anlauf, läuft bogenförmig an, springt senkrecht nach oben einbeinig ab, schiebt den Arm über die Leine, drückt den Ball weg, zieht den Arm zurück und landet auf der eigenen Spielfeldhälfte. Nach fünf bis zehn Wiederholungen wechseln die Partner die Aufgaben.

### 4.5.2 Rückzug

Spielt der Gegner ein indirektes Zuspiel und der Blockspieler erkennt, dass kein Preller für den Gegner möglich sein wird, läuft er – rückwärts mit Blick auf den Ball – schnellstmöglich auf seine Position zurück, um seine Mannschaft in der Defensive unterstützen zu können. Dieses Rückzugsverhalten soll in dieser Übung in Kombination mit einer Defensivaufgabe geschult werden.
Partner A fungiert als Werfer, Partner B steht in Leinennähe in relativer Nähe zur Leine. Auf das Kommando von A läuft er schnellstmöglich rückwärts zurück und beobachtet den Werfer. A wirft nun entweder einen Ball in Richtung Liniennähe auf die Position des Angreifers, nach außen in den 3-m-Raum, halblang oder kurz. Nach acht Würfen, wechseln die Spieler die Aufgabe.

- Partner A kombiniert „Ball wegdrücken“ und „Rückzug“ und stellt Partner B vor die Aufgabe, entweder zu blocken oder defensiv zu spielen.

### 4.5.3 3 vs. 3 mit Block

Die Mannschaften stehen sich auf einem Spielfeld gegenüber, das etwa 24 x 12 m misst und durch die Leine getrennt ist. Nach üblichen Faustballregeln spielen sie 3 vs. 3. Das Feld ist idealerweise nah an der Hallenwand positioniert, um der angreifenden Mannschaft Preller in Richtung Hallenwand zu erleichtern. Die Mannschaft, die einen Punkt durch einen Preller erzielt, erhält drei Punkte. Als Preller zählen alle Bälle, die nach einmaligem Bodenkontakt über den gegnerischen Abwehrspieler springen und deren Ballberührung unmöglich machen. Die Bedeutung des Blocks ist in diesem Spiel noch präsenter, weil die verteidigende Mannschaft auf keinen Fall Preller zulassen möchte.

### 4.5.4 Block gegen Softbälle

Die Blocksituation ist eine Spielsituation, in der das Risiko von Kopfverletzungen bei falscher Umsetzung der Technik groß ist. Die Blockhand sollte sich beim Schlag des Gegners zwischen Ball und eigenem Kopf befinden. Die folgende Übung dient dazu, diese Technik zu trainieren, dem Spieler Rückmeldung darüber zu geben, wie zielführend seine Ausführung ist und dabei mit Spaß das Blocken üben zu können. Spieler A steht auf einem kleinen Kasten, der sich ca. ein bis zwei Meter von der Leine entfernt befindet, und hat durch seinen Angriffsschlag eine entscheidende Aufgabe. Er wirft den Softball an und schlägt ihn mit der flachen Hand, was ein kontrollierteres Schlagen ermöglicht gerade über die Leine auf die gegnerische Seite. Spieler B läuft zum Block an und versucht den Ball so zu blocken, dass er auf die Spielfeldhälfte von A zurückgespielt wird.

**Variante**

- Als Spielform: Der Blockspieler verteidigt ein drei Meter breites und zehn Meter langes Feld und tritt gegen zwei Angreifer an, die beide auf demselben Kastenteil stehen. Die zwei Angreifer versuchen abwechselnd, den Softball ins Feld zu schlagen. Dabei dürfen sie maximal 50 cm über die Leine schlagen, sodass der Blockspieler eine realistische Chance hat, den Ball blocken zu können. Jeder Blockspieler verteidigt zehn Softbälle pro Runde, dann wird rotiert. Wer blockt die meisten Bälle?
- Die Blockbewegung kann mit dem Handy oder einer Kamera gefilmt werden, um den Spielern visuell deutlich zu machen, wo ihr Verbesserungspotenzial liegt.

### 4.5.5 Block gegen Spielschläge

Um den Block auch in spielnahen Situationen zu trainieren, spielt ein Zuspieler ein indirektes Zuspiel in Leinennähe. Der dazugehörige Angreifer schlägt den Ball in eine vorher besprochene Schlagrichtung, um das Verletzungsrisiko durch unvorhergesehene Angriffsschläge zu minimieren. Der Blockspieler schätzt das Zuspiel ein und läuft bei Bedarf zum Block an und verhindert, dass der gegnerische Angreifer den Ball in die abgesprochene Richtung schlagen kann.

- Auf der Feldhälfte des Blockspielers stehen zwei bis vier Mitspieler, um das Defensivverhalten in Blocksituationen und im Rückzugsverhalten zu trainieren. In diesem Fall ist der gegnerische Angreifer in seiner Auswahl der Spielschläge nicht mehr eingeschränkt.
- Das Zuspiel wird direkt gespielt.

## 4.6 Komplexübungen

### 4.6.1 Aufbauspiel

Die einfachste Form der Komplexübungen zur Vermittlung des Aufbauspiels ist die folgende: Ein Spieler eröffnet das Spiel durch eine kontrollierte Angabe. Ihm gegenüber, im gegnerischen Feld, stehen zwei Spieler auf zwei Defensivposition, wobei einer als Annahmespieler fungiert, der andere als Zuspieler. Ein weiterer Spieler positioniert sich auf einer Angriffsposition und schlägt das Zuspiel zurück auf die Feldhälfte, von der die Angabe geschlagen wurde und auf der – je nach gewünschtem Fokus – ein bis fünf Spieler verteidigen.

**Variante**

- Aus dieser Grundaufstellung lässt sich die beschriebene Komplexübung beliebig erweitern und macht das Setzen verschiedener Fokusse auf einzelne Aspekte möglich, wie beispielsweise der offensiven Annahme zum Schuss, dem direktem oder indirektem Zuspiel, der verschiedenen Varianten im Spielschlag oder den Laufwegen in der Defensive.

### 4.6.2 3er-Teams im Kontinuum

Drei 3er-Teams sind auf einem Faustballfeld aktiv. Das Spiel wird durch das blaue Team mit einer langen Angabe eröffnet, Team rot nimmt an und blau nimmt seinen Platz ein, rot spielt zu und schlägt den Ball auf grün, um dann die Grundlinie von grün zu übernehmen. Grün wiederum greift dann auf blau an. Die Mannschaften versuchen den Ball möglichst lange im Spiel zu halten.

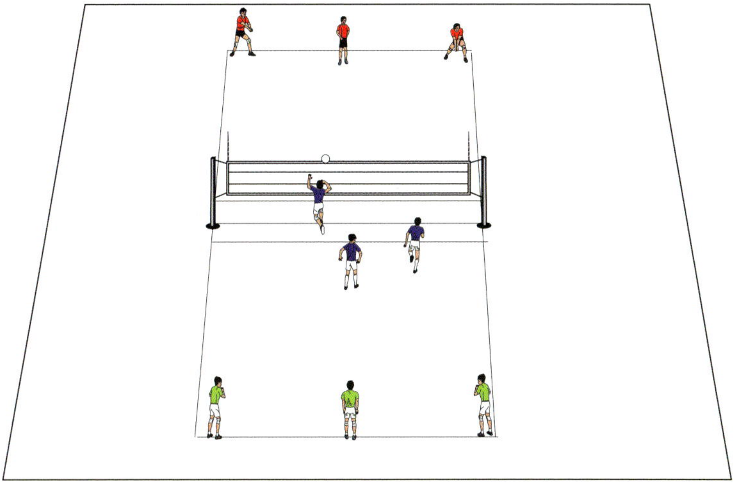

- Die drei Teams treten im Wettkampf gegeneinander an. Es werden Sektoren wie bei „Bruder, schlag' den Ball lang" eingezogen, in die die Angriffsschläge geschlagen werden müssen. Die Mannschaft, deren Angriffsschlag nicht returniert werden kann, erhält einen Punkt.
- Der Spieler, der den Angriff ausgeführt hat, darf im nächsten Spielzug nicht angreifen.
- Die 3er-Teams besetzen die Sektoren über die Feldseiten.

### 4.6.3 Angreifertest

Diesen Test absolvierten die Angreifer auf den Trainingslagern der deutschen Nationalmannschaft. Auch wenn die Stichprobe von zehn Angriffen recht klein ist, gibt er doch Aufschluss über die Angriffsleistung. Der Aufbau des Tests ist folgender: Auf der gegenüberliegenden Spielfeldhälfte sind alle fünf Positionen besetzt. Ziel des Angreifers ist es, durch fünf Angaben und fünf Spielschläge Punkte zu erzielen und dabei fehlerfrei zu bleiben. Auf der Seite des Angreifers stehen ein Zuspieler und ein Werfer bereit. Der Angreifer nimmt sich einen Ball, der an seiner Position liegt und geht zur Angabenlinie, wo er eine Angabe schlägt. Dann läuft er zügig auf seine Position zurück, der Werfer wirft den Ball für den Zuspieler so vor, dass ein Schusszuspiel möglich ist. Der Angreifer läuft den Ball an und versucht erneut zu punkten. Dieser Ablauf wiederholt sich fünf Mal.

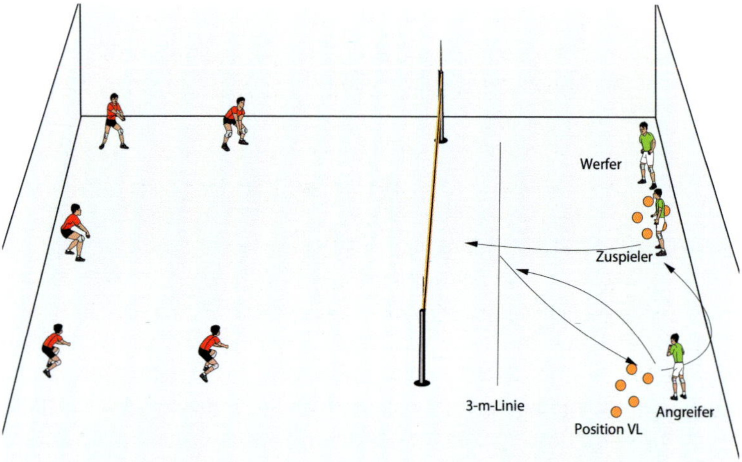


**Variant**

- Die gleiche Abfolge funktioniert auch mit indirekten Zuspielen, einem reinen Test der Angaben oder der Spielschläge.

### 4.6.4 Angabe, Annahme, Zuspiel, Schlag

Paarweise finden sich Angreifer zusammen. Partner A schlägt eine Angabe auf B, der den Ball spielfähig annimmt. A läuft auf die andere Feldseite zu B. B nimmt sich einen zweiten Ball und wirft diesen an. A spielt ihm zu und B führt einen Spielschlag aus.

### 4.6.5 Das Spiel ohne Ende

Grundlegende Idee dieses Spiels ist es, das Spiel zu keinem Zeitpunkt für längere Zeit zu unterbrechen, um die Spielzüge, Ballkontakte und Belastungszeit zu maximieren und so „ohne Ende“ zu spielen. Möglicherweise dauert es etwas, bis die Abläufe sitzen. Dieser Prozess lohnt sich aber!
Zwei Mannschaften stehen sich gegenüber und besetzen die Faustballpositionen im Feld. Jeder Spieler platziert zwei bis drei Bälle in seiner Nähe außerhalb des Feldes, sodass er die Bälle schnell erreicht, sie ihn beim Spiel jedoch nicht behindern werden. Jeder Spielzug beginnt durch das Anwerfen bzw. Anspielen eines Balles zu einem Mitspieler, der daraufhin zugespielt und in das gegnerische Spielfeld geschlagen wird. Ab diesem Zeitpunkt läuft das Spiel so lange, bis ein Punkt erzielt wird. Sobald der Ball nicht mehr spielfähig ist, wirft oder spielt ein Spieler der Mannschaft, auf deren Feldseite die letzte Spielaktion stattfand, einen neuen Spielball an und das Spiel wird fortgesetzt. Für das Anspielen hat die Mannschaft allerdings nur drei Sekunden Zeit. Das gegnerische Team zählt von drei bis null herunter und erhält einen weiteren Punkt, sobald die Zeit abgelaufen ist, und der Ball noch nicht ins Spiel gebracht wurde.

- Ein Satz des Spiels ist entweder bei einer erreichten Punktzahl (z. B. 11 oder 21) beendet oder nach Ablauf einer angegebenen Spieldauer (ca. 5 Minuten).
- Es bietet sich an, einen Schiedsrichter zu stellen, der nicht aktiv am Spiel beteiligt ist, da das Spiel schnell unübersichtlich werden kann.

- Bälle dürfen nicht direkt bzw. indirekt zugespielt werden, um nur eine der Zuspielarten explizit zu trainieren.

Abschließend sollen noch einige informative und hilfreiche Internetseiten vorgestellt werden, die Trainer und Lehrer in ihrem Vorhaben, Faustball zu unterrichten, unterstützen können. Aktuelle und informative Inhalte finden sich beispielsweise auf den Homepages des Internationalen Faustballverbands und seiner „Academy“ (www.ifa-fistball.com) oder der Deutschen Faustball-Liga (www.faustball-liga.de). www.faustballtraining.de bietet einige Trainingsideen, um den Unterricht oder das Training abwechslungsreicher zu gestalten. Auf Anfrage bei der Deutschen Faustball-Liga kann eruiert werden, wie weit der nächste organisierte Faustballverein entfernt ist. Dies kann in vielerlei Hinsicht hilfreich sein: So können Kooperationen zwischen Schule und Verein geknüpft werden, Schüler, die Interesse an einer Vereinsmitgliedschaft haben, informiert werden oder aber auch Punktspiele von umliegenden Vereinen besucht werden.

Bei jeglichen Fragen und Anregungen steht der Autor gerne zur Verfügung (nicktrinemeier@web.de). Bei Interesse an Fortbildungen oder Trainerlehrgängen können diese organisiert werden.